CLV

Roger Liebi

Jerusalem – Hindernis für den Weltfrieden?

Das Drama des jüdischen Tempels

CLV

Wenn nicht anders vermerkt, sind die Bibelzitate der Elberfelder Übersetzung 2003, Edition CSV Hückeswagen, entnommen. In Bezug auf weitere Anmerkungen zu den Bibelzitaten siehe Anhang unter 3. (»Zu den Bibelstellenzitaten«).

Die genauen bibliografischen Angaben der in den Fußnoten erwähnten Publikationen, deren Autorennamen kursiv gesetzt sind, finden sich im alphabetisch geordneten Literaturverzeichnis.

9. Auflage 2025
(früher erschienen im Schwengeler-Verlag)

Christliche Literatur-Verbreitung e. V.
Ravensberger Bleiche 6 · 33649 Bielefeld
www.clv.de

Satz: CLV
Umschlag: Lucian Binder, Marienheide
Druck und Bindung: ARKA, Cieszyn, Polen

Artikel-Nr. 256202
ISBN 978-3-86699-202-3

Meiner lieben Myriam,
meinen Kindern
Joas David, Tirza Sulamith, Elda Hadassa,
Noëmi Elisheva und Haniel Menachem gewidmet
und
im Gedenken an Nathan Eljoenai

Inhalt

Einleitung

Eine einzigartige Stadt

Jerusalem zählt zu den ältesten Städten der Welt. Sie wurde vor mehr als 4000 Jahren gegründet. Ihre dramatische und wechselvolle Geschichte von Höhen und Tiefen ist beispiellos. Keine Stadt der Welt kann einen derart fesseln wie gerade diese Stadt.

Zentrum der Heilsgeschichte

Die sich auf etwa 760 Meter Höhe im judäischen Hügelland befindliche Stadt Jerusalem liegt am Knotenpunkt dreier Kontinente – Asien, Afrika und Europa. Durch diese zentrale Position befand sie sich in alten Zeiten auch an der Schnittstelle der drei großen antiken Zivilisationszentren Sumer (südliches Mesopotamien), Ägypten und Griechenland.

Nach den Aussagen der Bibel bildet Jerusalem den geografischen Mittelpunkt der Heilsgeschichte Gottes. Im Buch des Propheten Hesekiel (5,5) heißt es:

»So spricht der Herr, der Ewige: Dies ist Jerusalem! Ich habe es mitten unter die Nationen gesetzt, und Länder um es her.«[1]

Zur Bedeutung des Namens

Die hebräische Aussprache des Namens »Jerusalem« lautet »Jerushalajim«. Auf Deutsch heißt dies so viel wie *»Gründung des Friedens«*.

Zweisprachiger Wegweiser nach Jerusalem.

Zwischen Name und Wirklichkeit besteht allerdings ein zutiefst beunruhigendes Spannungsfeld:

Diese Stadt war im Lauf ihrer atemberaubenden Geschichte nicht gerade von Frieden, sondern vielmehr von Tränen, Leid

1 A. d. H.: Eigene Übersetzung des Autors.

und Blutvergießen geprägt. Und heute? Jerusalem, die »Friedensstadt«, stellt in unserer Zeit den Frieden und die Sicherheit der ganzen Welt infrage!

Der Tempelplatz: Der gefährdetste Ort des Planeten

Der heutige Kampf um Jerusalem konzentriert sich insbesondere auf den Tempelplatz in der Altstadt, in dessen Mitte sich die goldene Kuppel der Omar-Moschee wölbt. Mit vollem Recht hat die »New York Times« schon vor Jahren in einer ihrer Ausgaben dieses Landstück auf dem Berg Morija bzw. Berg Zion[2] als *»die*

Die sogenannte Omar-Moschee.

2 In der Bibel (AT und NT) heißt der Tempelberg »Morija« (1Mo 22,2; 2Chr 3,1) oder »Zion« (Ps 48,3; Mi 3,12). Heute wird der Nachbarhügel im Südwesten der Jerusalemer Altstadt aufgrund einer erst in der Folge des 1. Jahrhunderts n. Chr. üblich gewordenen Tradition verwirrenderweise auch so bezeichnet. Diese Erhebung ist allerdings heilsgeschichtlich ebenfalls sehr bedeutsam. Auf ihr befand sich zur Zeit der Apostelgeschichte jenes Viertel, wo viele Angehörige der Urgemeinde wohnten. Zur Unterscheidung dieser beiden Hügel eignen sich die Bezeichnungen »Zion I« (biblisch) bzw. »Zion II« (nachbiblisch).

Modell des jüdischen Tempels (1. Jh. n. Chr.).

Massengebet an der Klagemauer.

Steine der Klagemauer.

explosivsten Quadratmeter der Welt« bezeichnet. Da stellt sich die Frage: Weshalb bestehen eigentlich so gewaltige Interessen an diesem Fleckchen Erde?

Jüdische Ansprüche

Während etwa 1000 Jahren stand einst hier auf dem Berg Morija der jüdische Tempel, in der Zeit vom 11. Jahrhundert v. Chr. bis ins 1. Jahrhundert n. Chr. Er durfte gemäß den Anweisungen in der Thora, dem Gesetz Moses, nur an diesem Ort stehen.

Der Tempel bildete den geografischen Mittelpunkt des israelitischen Gottesdienstes, wozu besonders auch die Darbringung von Tieropfern gehörte. Seit bald 2000 Jahren sehnt sich das jüdische Volk zutiefst nach der Wiederaufrichtung des Tempels.

Die als »Klagemauer« bekannten mächtigen Steinquader auf der Westseite des Morija sind ein Überrest der gewaltigen Umfassungsmauer, die einst den jüdischen Tempelbezirk schützend einrahmte.

Seit zwei Jahrtausenden haben hier Juden um ihr verlorenes Heiligtum geklagt. Niemand kann ermessen, wie viele Tränen hier geweint wurden und wie viele Gebete um die Wiederaufrichtung des Tempels von da aus, angesichts dieser Mauer, emporgestiegen sind. Diese Steine sind für das Judentum Symbol verlorener Herrlichkeit und zugleich auch Zeichen der Hoffnung auf kommende Erlösung.

Muslimische Ansprüche

Andererseits spielt dieser Bezirk auch im Islam eine wesentliche Rolle. Seit dem 8. bzw. 7. Jahrhundert n. Chr. bis heute stehen hier die Al-Aksa-Moschee und der sogenannte Felsendom (= Omar-

a) = Al-Aksa-Moschee, b) = Omar-Moschee, c) = Klagemauer mit Vorplatz.

Moschee). Dieses oberhalb der Klagemauer befindliche Areal mit zehn Toren und vier Minaretten heißt bei den Muslimen »das vornehme Heiligtum« (arab. »Haram esh-Sharif«). In der Hierarchie des Islam gilt es als der drittwichtigste Ort. Nur die Wallfahrtsstädte Mekka und Medina sind für den Muslim noch wichtiger.

Gemäß gängiger islamischer Interpretation der 17. koranischen Sure soll Muhammad in seiner Nachtreise von Mekka aus »zum weit entferntesten (arab. ›al-aksa‹) Platz der Anbetung« auf dem weiß geflügelten Reittier Al-Burak, dessen Sprünge jeder einzeln angeblich so weit reichten, wie das Auge sieht, nach Norden zum Tempelplatz in Jerusalem geritten sein. An der Stelle, wo sich heute die Al-Aksa-Moschee befindet, sei der Prophet aus dem Sattel gestiegen und habe bei dem Felsen gebetet. Im Anschluss daran sei Muhammad von da aus in den Himmel hinaufgegangen. Nachdem er dort bei Allah die rechte Art des Betens gelernt habe, sei er wieder auf den Tempelplatz zurückgekehrt. Auf dem Rücken Al-Buraks, so die islamische Überlieferung, habe er noch vor dem Morgengrauen im Eiltempo wieder Mekka erreicht.

Diese Hintergrundinformationen erklären, weshalb die Muslime ihre Ansprüche auf diesen Ort niemals aufgeben werden.

Auf dem Weg zum Dritten Tempel

Durch den Sechs-Tage-Krieg von 1967 kam Ostjerusalem, nach fast 2000 Jahren der Demütigung durch fremde Völker, wieder unter jüdische Oberhoheit.

Dadurch ist das Interesse an einem Wiederaufbau des Tempels verständlicherweise auf ganz besondere Art wieder wachgerufen worden. Unter dem jüdischen Volk ist ein Tempelfieber ausgebrochen. In den letzten Jahren haben sich in Israel mehrere Bewegungen formiert, deren Bemühungen auf die Wiederaufrichtung des Tempels ausgerichtet sind. Erkennt man die Brisanz? Wenn auf dem Berg Morija ein jüdisches Heiligtum errichtet wird, so ist damit zu rechnen, dass dies den glühenden Zorn der ganzen islamischen Welt von etwa 1,5 Milliarden Menschen herausfordern wird!

Sechs-Tage-Krieg: Israelischer Soldat angesichts der Altstadt von Jerusalem.

Jerusalem in Feststimmung.

Jerusalem: Jüdische Hauptstadt seit mehr als 3000 Jahren

Um 1049 v. Chr. hatte nämlich der König David Jerusalem erobert. Im Anschluss daran erhob er es zur Hauptstadt des Staates Israel (1Chr 11,1-9). Damit hat Jerusalem in der Geschichte Israels seit über 3000 Jahren den würdevollen Status inne, die Hauptstadt des jüdischen Volkes zu sein.

Jerusalem auf dem Verhandlungstisch

Mit dem sogenannten Friedensschluss zwischen Israel und den Palästinensern vom 13. September 1993 wurde Jerusalem einem ungewissen Schicksal preisgegeben. Das »Gaza/Jericho-zuerst«-Abkommen sah damals bereits vor, dass innerhalb absehbarer Frist über den zukünftigen Status von Ostjerusalem verhandelt werden sollte – und dies, obwohl das israelische Parlament Ende 1980 in einem Gesetzesbeschluss »ganz Jerusalem zur ungeteilten und ewigen Hauptstadt Israels« erklärt hatte.[3] Die Palästinenser fordern Jerusalem. Diese begehrte Örtlichkeit soll nach ihrem Dafürhalten die Hauptstadt eines zukünftigen palästinensischen Staates werden – und zwar ohne Verzicht auf den Tempelberg. Scheich Isma'il Al-Nawadah sagte in seiner Predigt vom Freitag, dem 3. April 1998, in der Al-Aksa-Moschee: »Jerusalem liegt an der Spitze der heiligen Städte des Islam. Keine Stadt ist so heilig wie sie, außer Al-Medina und Mekka ... Jerusalem gehört uns und nicht euch (Israel); diese Stadt ist für uns wichtiger als für euch ... Jerusalem ist der Schlüssel sowohl für den Krieg als auch für den Frieden, aber wenn die Juden der Meinung sind, dass sie mithilfe von Gewalt in der Lage seien, sowohl das Land als auch den Frieden zu haben – dann betrügen sie sich selbst.«[4]

Arafat im Gazastreifen.

3 *May, Israel heute – Ein lebendiges Wunder*, S. 96.

4 *Price, The Coming Last Days Temple*, S. 177; deutsche Fassung: Roger Liebi, Originalquelle: MEMRI's Media Review of April 6, 1998.

Der Weg zum Frieden im Nahen Osten soll ausgehend von Jericho, der Stadt des Fluches (Jos 6,26), über das »Minenfeld« Jerusalem führen.

Rabin und Arafat haben im Garten des Weißen Hauses in Washington eine Zeitbombe gezündet, deren Lunte nun Furcht einflößend brennt. Jetzt muss sich die Weltpolitik auf Jerusalem konzentrieren. Die Völker der Welt werden herausgefordert, gegenüber dieser Stadt klar und eindeutig Stellung zu beziehen.

Wir sehen: Jerusalem steht gewissermaßen im Brennpunkt des Nahostkonflikts. Dieser Konflikt ist keine lokale Angelegenheit. Spätestens seit dem Golfkrieg (1991) ist es unübersehbar geworden, dass das Pulverfass Nahost mit all seinen Schwierigkeiten, Problemen und Konflikten eine Gefahr für den Frieden und die Sicherheit der ganzen Welt darstellt.

Woher und wohin?

Wenn wir das aktuelle Geschehen in und um Jerusalem gut verstehen möchten, dann sollten wir es in einen großen gesamtgeschichtlichen Zusammenhang stellen. Dies wird auch eine Hilfe sein, um das, was die Bibel über die Zukunft dieser Stadt sagt, besser fassen und einordnen zu können. Es wird dabei augenscheinlich werden, dass das Wohl und Wehe der ganzen Welt in einem direkten Zusammenhang mit der Stadt Jerusalem steht.

Ein nützlicher Hinweis zum Lesen dieses Buches: Da die Fußnoten nicht nur Literaturbelege enthalten, sondern z. T. wichtige, den fortlaufenden Text ergänzende Bemerkungen, lohnt es sich, bei der Lektüre des Haupttextes stets auch ein Auge auf die darin enthaltenen Hochzahlen zu haben, die auf die Fußnoten verweisen.

Kapitel 1
Von Ägypten nach Jerusalem

Jerusalem wurde vor über 3000 Jahren die jüdische Hauptstadt. Die Kenntnis der Geschichte des Volkes Israel während der Jahrhunderte *davor* ist jedoch wesentlich, um das Thema »Jerusalem« in seiner Bedeutung gebührend erfassen und einordnen zu können.

Wir reisen nun weit in die Vergangenheit zurück. In Gedanken stellen wir uns vor, dass sich die Wagenräder der Geschichte um mehr als 3600 Jahre zurückdrehen. Wir folgen den Spuren ihrer Felgen bis hin ins alte Ägypten zurück.[5]

Israels Auszug aus Ägypten

Um 1606 v.Chr. lebte das Volk Israel in Ägypten. Die Israeliten waren damals versklavt und grausam unterdrückt. Durch die in der Bibel beschriebenen zehn Plagen (2Mo 7–12) erlebte

5 In diesem Buch werden die Jahreszahlangaben der strikten Chronologie von R. Liebi verwendet. Dies führt insbesondere im 2. Jahrtausend v.Chr. zu gewissen deutlichen Unterschieden gegenüber Jahreszahlen, wie sie von anderen Autoren verwendet werden. Im Gegensatz zu den anderen Chronologien vermag die strikte Chronologie jedoch alle Jahreszahlangaben der Bibel in einem in sich völlig stimmigen System zu vereinen. Keine einzige Zahl muss hier als »fehlerhaft« oder »unstimmig« abgetan werden. Zudem führt sie zu sensationellen Querverbindungen zu bisherigen Datierungen der säkularen Archäologie in Ägypten und in Kanaan.
Vgl. *Liebi, Zur Chronologie des Alten Testaments*; *Liebi, Chronologie der Könige Israels und Judas* (auf Anfrage unter info@rogerliebi.ch werden diese Skripte gratis zugesandt; Gratisdownload unter http://www.rogerliebi.ch). Vgl. zur Übereinstimmung zwischen der streng biblischen Chronologie und der üblichen Datierung in der säkularen Archäologie die folgenden Audio-Vorträge des Autors auf http://www.sermon-online.de: *Hazor und Tel Dan – Zeugen der Glaubwürdigkeit der Bibel*; *Archäologie in der Davidsstadt*; *Israel in Ägypten – Realität oder Fiktion?*; *Biblische Chronologie und Heilsgeschichte I und II* (Stand der Internet-Adressen: jeweils 10.12.2013).

das Ägyptische Reich einen vollständigen Zusammenbruch. Dies führte zur Befreiung Israels. Unter der Führung von Mose konnte das ganze Volk – begleitet von zutiefst dramatischen Umständen – den Auszug aus Ägypten antreten (2Mo 12ff.).

Zur Datierung des Auszugs aus Ägypten

In der Vergangenheit gingen liberale Forscher im Allgemeinen davon aus, dass der Auszug der Israeliten aus Ägypten um 1230 v. Chr. stattgefunden habe. Diese Datierung ist jedoch falsch. Sie widerspricht dem archäologischen Befund in Ägypten und in Kanaan (Israel). Diese Datierung widerspricht auch den chronologischen Zahlen in der Bibel. Die Heilige Schrift beinhaltet nämlich eine durchgängige, in sich völlig schlüssige und stimmige

Pyramide in Giza.

Zeitrechnung, die durch das gesamte AT hindurchgeht und bis ins NT hinüberreicht. Gemäß der strikt biblischen Chronologie fällt der Auszug aus Ägypten auf das Jahr 1606 v. Chr. Dadurch entsteht eine genaue Übereinstimmung mit den archäologischen Fakten in Ägypten und in Kanaan!

Zur historischen Glaubwürdigkeit der Bibel

Die moderne Archäologie hat eine Fülle von Material ans Licht gebracht, wodurch die geschichtliche Glaubwürdigkeit der biblischen Berichte auf höchst eindrückliche Weise bestätigt werden konnte. Die Ansicht, dass es sich hier vielfach um Legenden handle, kann heute aufgrund des erdrückenden Faktenmaterials nicht mehr ernsthaft vertreten werden.

Kenneth A. Kitchen, einer der führenden britischen Orientalisten, hat nachgewiesen, dass z. B. die bibelkritischen Thesen, mit denen manche die Glaubwürdigkeit der Mosebücher zu untergraben suchten, heute als reine Schreibtischtheorien aus dem vorletzten Jahrhundert betrachtet werden müssen. Sie stehen in krassem Widerspruch zu den Daten und Fakten der modernen archäologischen Forschung im Nahen Osten.[6]

In der Fußnote 7 verweise ich den Leser auf eine Auswahl aus der einschlägigen Literatur, die die geschichtliche Glaubwürdigkeit der biblischen Berichte aufzeigt.[7]

---

6 Vgl. *Kitchen, Ancient Orient and Old Testament.*

7 *Archer, Einleitung in das Alte Testament*, Bd. I und II.; *Beck, Genesis – Aktuelles Dokument vom Beginn der Menschheit*; *Bruce, Die Glaubwürdigkeit der Schriften des Neuen Testaments*; *Gitt, Das Fundament*; *Külling, Zur Datierung der »Genesis-P-Stücke«*; *Liebi, Ist die Bibel glaubwürdig?*; *Liebi, Weltgeschichte im Visier des Propheten Daniel*, Kapitel 1; *Wiseman, Die Entstehung der Genesis.*

Zur Gesetzgebung am Sinai

Das Volk Israel verließ Ägypten, um ins verheißene Land zu ziehen. Die Reise ging zunächst durch die Wüste Sinai. Als das Volk am Fuß des Berges Horeb lagerte, bekam es dort die Thora, das jüdische Gesetz (2Mo 19ff.). Dies umfasste zunächst die beiden steinernen Tafeln mit den Zehn Geboten (2Mo 20), sodann aber noch Hunderte von weiteren detaillierten Vorschriften (2Mo 21ff.).

In der Wüste Sinai.

Ethische Leitlinien

Die Gesetzgebung in der Wüste war ein fundamental wichtiges Ereignis in der Geschichte Israels. Die Gebote zeigten dem Volk, was Gott von ihm in moralischer Hinsicht erwartete. Sie sind Ausdruck tiefer Weisheit (vgl. 5Mo 4,5-8). Durch sie wurde das Leben in allen Hinsichten bis ins Einzelne geregelt.

Ein Spiegel des ethischen Zustandes

Schon bald mussten die Israeliten feststellen, dass sie eigentlich gar nicht in der Lage waren, Gottes Anforderungen zu entsprechen. Die Gebote erwiesen sich ihnen als ein *Spiegel* ihres eigenen moralischen Zustandes.[8] Sie decken nämlich die sündhafte Natur des Menschen schonungslos und unverblümt auf. Außerdem wird durch sie aber auch die *Notwendigkeit der Erlösung und der Vergebung* klar und einsichtig gemacht.

Dies gilt nicht nur für die Israeliten von damals: Wer auch immer den Mut aufbringt, sein Leben im Licht des Gesetzes vom Sinai einem gründlichen Test zu unterziehen, muss zwangsläufig zu dem Schluss kommen, dass er *vor Gott schuldig* ist. Der große und weise König Salomo hat sich in Übereinstimmung mit dieser Tatsache unmissverständlich ausgedrückt: »*... da ist kein Mensch, der nicht sündigt ...*« (1Kö 8,46).[9]

Vergebung ist möglich

Es ist beachtenswert, dass die Israeliten am Sinai nicht nur diese ethischen Forderungen bekamen. Zur gleichen Zeit musste ihnen Mose Anordnungen zum Bau eines transportablen Tempels, der Stiftshütte, erteilen (2Mo 25–40). Dieses Bauwerk wird in der Bibel gewöhnlich das »Zelt der Zusammenkunft« genannt.[10]

---

8 Vgl. zu diesem Bild Jakobus 1,23-25.

9 Vgl. ferner Hiob 14,4; 15,14; 25,4-6; Psalm 14,1-3; 53,2-4; 116,11; 143,2; Prediger 7,20.29; 9,3; Römer 3,23.

10 Vgl. *Kiene, Das Heiligtum Gottes in der Wüste Sinai* (ausgezeichnetes vierfarbiges Fotomaterial eines getreu nachgebauten Modells; Erklärungen der geistlichen Bedeutung der Stiftshütte bis in kleinste Details ihrer Struktur).

Modell der Stiftshütte.

In Verbindung mit diesem transportablen Tempel spielte die Darbringung von Opfern eine zentrale Rolle.[11]

Die Gebote zeigten dem Volk: Wir sind Menschen, die dauernd sündigen und sich verschulden. Dies löste die Frage aus: Wie können wir Vergebung unserer Verfehlungen bekommen?

Es gab einen Ausweg: Man konnte für Sünden ein unschuldiges Opfertier (z. B. eine Ziege oder ein Schaf) nehmen und es in den Vorhof des Tempels führen. Als schuldiger Mensch musste man dem Opfertier dort seine Hände auf den Kopf legen und dabei konkret seine Vergehungen bekennen (3Mo 5,5-6). Die Handauflegung symbolisierte die Tatsache der Identifikation (Einsmachung). Dadurch übertrug der Fehlbare bildlich seine Sünde auf das unschuldige Opfer. Sünde verdient den Tod. Deshalb musste der Schuldige anschließend das Tier schlachten und dessen Blut fließen lassen (vgl. z. B. 3Mo 4,29). Das Blut wurde vom Priester in einer Schale aufgefangen und am Fuß des Altars feierlich ausgegossen. Das Fett des Opfers wurde auf dem Feuer

11 Vgl. zu diesem Thema: *Heijkoop, Die Opfer* (detaillierte Erklärungen der alttestamentlichen Opferriten im Licht des Neuen Testaments).

des Altars geräuchert. Das Übrige des Opfers musste außerhalb des Lagers verbrannt werden. So erhielt der Sünder Vergebung (vgl. z. B. 3Mo 5,10). Man lernte hier auf anschauliche Weise ein wichtiges biblisches Prinzip: *Vergebung durch Stellvertretung.*

Die Israeliten bekamen am Sinai nicht nur ein Hilfsmittel zur »*Diagnose*« ihres Zustandes (die fordernden Gebote), sondern ebenso ein »*Heilmittel*« für Sünde (Vergebung durch Stellvertretung).

Der auf einem kleinen Hügel, dem sogenannten »Har'el« (= »Gottesberg«), erhöhte Opferaltar im Vorhof der Stiftshütte.

Ein Gott und *ein* Ort der Anbetung

Nach einer vierzigjährigen Wüstenwanderung kam das Volk Israel an den Eingang des verheißenen Landes. In den Gefilden Moabs, im Gebiet des heutigen Jordanien, hielt Mose, der Volksführer, acht Abschiedsreden, die uns im 5. Buch Mose schriftlich überliefert worden sind.

Im Blick auf den Opferdienst im Land gab er wichtige Anweisungen. So lesen wir in 5. Mose 12,13-14 Folgendes:

»Hüte dich, dass du deine Brandopfer nicht an jedem Ort opferst, den du siehst! Sondern an dem Ort, den der Ewige in einem deiner

Stämme erwählen wird, dort sollst du deine Brandopfer opfern und dort alles tun, was ich dir gebiete.«

Die Bibel, Altes und Neues Testament, offenbart einen einzigen Gott (5Mo 6,4; 1Tim 1,17). Sie lehnt jegliche Vielgötterei massiv ab. Deshalb verlangte die Thora, dass es im Land Israel auch nur einen Ort der Anbetung geben sollte, der überdies durch den einen Gott selbst auserwählt und festgelegt werden sollte. Im 5. Buch Mose wird diese Stätte 21-mal genannt.[12] Dieser zentrale Platz der Anbetung wird dort zwar so häufig erwähnt, aber erstaunlicherweise wird sein Name nie genannt! Das Einzige, was Mose in geografischer Hinsicht deutlich machte, war die Tatsache, dass dieser Ort des Gottesdienstes sich im Bergland befinden würde.[13]

Auf der Suche nach dem Ort

In der folgenden Zeit nahm das Volk Israel das verheißene Land nach und nach in Besitz. Es war wirklich ein herrliches Land, das »von Milch und Honig [floss]« (vgl. 2Mo 3,8). Nun ging es darum, den definitiven Ort, den der Ewige auserwählen würde, zu finden.

Um 1049 v. Chr. eroberte der König David Jerusalem. Gleich darauf erkor er es zur Hauptstadt seines Reiches (1Chr 11,4-9).

David bekam Klarheit, dass hier der von Gott auserwählte Ort für den Opferdienst zu finden war. Der Prophet Gad teilte ihm mit, dass er auf der »Tenne Ornans« für Gott einen Altar errichten sollte (1Chr 21,18). David führte diesen Auftrag aus und erwarb das gesamte Grundstück, auf dem sich dieser Dreschplatz befand, von Ornan, einem jebusitischen Ureinwohner, für

12 5. Mose 12,5.11.14.18.21.26; 14,23.24.25; 15,20; 16,2.6.7.11.15.16; 17,8.10; 18,6; 26,2; 31,11.

13 Vgl. das Verb »alah« (= »hinaufziehen«) in 5. Mose 17,8.

Die sogenannte Davids-Zitadelle in Jerusalem.

600 Goldschekel, d.h. für ca. 6 kg Gold (1Chr 21,19-25). Für die Tenne selbst und die Rinder bezahlte er weitere 50 Silberschekel (= ca. 500 g Silber; 2Sam 24,24).

Hier haben wir eines der wenigen Beispiele vor uns, wo in der Bibel über Immobiliengeschäfte gesprochen wird. In Verbindung mit den heutigen Erbstreitereien im Nahen Osten steckt besonders in diesem Fall hier enorm viel Brisanz drin, denn der Platz dieser Tenne lag auf dem Hügel Morija, wo sich heute der heiß umkämpfte Tempelplatz befindet.

Israel und Jerusalems Urgeschichte

Jerusalem hatte für Israel bereits zum Zeitpunkt seiner Eroberung durch David eine besondere, damals schon tausend Jahre alte Bedeutung. Eigentlich müsste man von einer Doppelbedeutung sprechen, denn zwei Ereignisse aus der Urgeschichte dieser Stadt sollten sich schließlich als Eckpfeiler von zentraler Bedeutung für die gesamte Heilsgeschichte herausstellen:

1. Um 2000 v. Chr. hatte Abraham, der Stammvater des Volkes Israel, hier (nämlich im Tal Schawe) die denkwürdige Begegnung mit Melchisedek, dem Priester-König von Salem (1Mo 14,17-24; Hebr 7,1-10; »Salem« = Kurzform von »Jerusalem«; vgl. Ps 76,3).

Die Bezeichnungen dieses ersten in der Bibel erwähnten Herrschers über Jerusalem sind bemerkenswert: »Melchisedek« bedeutet »König der Gerechtigkeit«. »König von Salem« heißt »König des Friedens«. Dieser *erste* Machthaber von Jerusalem weist damit auf dessen *letzten* hin: Die Propheten der Bibel haben verheißen, dass der Messias einst in Gerechtigkeit und Frieden als Priester-König von Jerusalem aus herrschen werde (Jer 23,5-6; Mi 5,4c; Sach 6,12-13).

2. Ebenfalls im Gebiet von Jerusalem, auf einer der Erhebungen im »Land Morija«, fand Abrahams Darbringung seines geliebten Sohnes Isaak statt (1Mo 22,1-19). Entgegen weitverbreiteter irrtümlicher Meinung handelte es sich bei diesem Hügel übrigens *nicht* um den Berg Morija. Der Ort, zu dem einst Abraham schweren Herzens mit seinem Sohn reiste, lag jedoch in dessen Nähe: Es handelte sich um »einen der Berge« »[im] Land Morija« (man lese den Wortlaut von 1Mo 22,2 sorgfältig nach!). Abraham gab dem Ort der Darbringung Isaaks den Namen »Adonaj Jir'eh« (= »der HERR wird sich [ein Opfer] ausersehen«). Aufgrund dieser Aussage kam in der Folge die berechtigte Erwartung auf, dass der Ewige dereinst an dieser Stelle sein Opfer dahingeben würde (1Mo 22,14; vgl. Röm 8,32 und Joh 3,16). Hier findet sich einer der frühen Hinweise auf den leidenden Messias.

Kapitel 2
Der Erste Tempel in Jerusalem

David wurde durch göttliche Weisung eindeutig klar, dass auf dem Berg Morija der Tempel gebaut werden sollte. Ein Blitz vom Himmel, der sein erstes Opfer an diesem Ort in Brand steckte, war für ihn ein deutliches und vielsagendes Zeichen (1Chr 21,26 – 22,1).[14] Deshalb traf er in der Folge umfassende Vorbereitungen für ein

Modell des Salomonischen Tempels.

14 Vgl. dazu ferner 3. Mose 9,24; 10,2; 1. Könige 18,38; 2. Könige 1,10.12; 2. Chronik 7,1 usw.

monumentales Bauunternehmen (1Chr 22,2-5.14). Er stellte auch ganz genaue Pläne her (1Chr 28,11ff.). Sein Sohn Salomo ließ den Bau ausführen (2Chr 3,1ff.). 150 000 Arbeiter vollendeten das Werk nach siebenjähriger Arbeit, von 1013 bis 1007 v. Chr. (2Chr 2,17; 1Kö 6,37-38). Es war ein Wunderwerk der damaligen Welt (vgl. 1Kö 10,1ff.; besonders Vers 5 am Ende).

Zur Bedeutung des Tempels

Nach dem Konzept heidnischer Religionen reicht das Fassungsvermögen von Tempelgebäuden aus, um ihre jeweiligen Götter beherbergen zu können.

Für Salomo gab es keinen Zweifel daran, dass dies in Bezug auf den Gott der Bibel grundsätzlich ein Ding der Unmöglichkeit ist. Nachdrücklich bezeugte dieser weise König in seinem Gebet anlässlich der Tempel-Einweihung, dass weder »die Himmel« (der blaue Lufthimmel, die atmosphärische Hülle um die Erde) noch »der Himmel Himmel« (das Universum, der Sternenhimmel) Gott zu fassen vermögen, wie viel weniger der Tempel in Jerusalem (1Kö 8,27).[15]

Der Gott der Bibel ist im wahren Sinn des Wortes *transzendent*. Er ist mit der Schöpfung, seinem Werk, nicht identisch,

15 Das hebräische Wort »shamajim« wird unterschiedlich verwendet. Je nach Kontext kann es a) die Lufthülle um die Erde, b) das Universum oder c) das Jenseits bezeichnen.
In 1. Mose 1,6 z. B. wird mit diesem Begriff die Atmosphäre, die »Ausdehnung« (hebr. »raqia'«), benannt. Der Ausdruck »shmej hashamajim« (= »die Himmel der Himmel«) beschreibt im Kontext von 1. Könige 8,27 etwas viel Größeres, eben den Kosmos, der den Lufthimmel umfasst und dessen Ausdehnung für den Menschen schlicht unerforschlich ist (Jer 31,37).
Des Weiteren spricht die Bibel noch von einem »dritten Himmel«, der auch als »Paradies« bezeichnet wird und von den ersten beiden deutlich differenziert wird (2Kor 12,2-4).

Selbst die unermesslichen Weiten des Alls vermögen Gott nicht zu fassen.

sondern deutlich von ihr unterschieden.[16] Zugleich ist er aber auch *immanent,* d. h. gleichzeitig an jedem Ort in der Schöpfung gegenwärtig.[17]

Es gab nicht die Vorstellung, dass die Wände des Tempels in Jerusalem etwa die Gegenwart Gottes umfassen könnten. Vielmehr sollte dieser Ort der auserwählte Punkt auf Erden sein, wo Gott seine Existenz und Gegenwart dem Menschen gegenüber *auf besondere Weise offenbaren würde.* Der Tempel in Jerusalem hatte die Bestimmung, inmitten einer heidnischen, die Schöpfung statt den Schöpfer verehrenden Umwelt (Röm 1,18-25), ein beredtes Zeugnis für den allein wahren Gott zu sein.

---

16 Dies geht z. B. schon aus dem ersten Satz der Bibel hervor. In 1. Mose 1,1 heißt es: »*Im Anfang schuf Gott die Himmel und die Erde.*« Das Wort »Gott« ist als Subjekt des Satzes ganz klar abgegrenzt von dem Objekt »Himmel und … Erde« (= die Schöpfung, Gottes Werk).

17 Vgl. z. B. Psalm 139,1-12; Apostelgeschichte 17,27-28; Jeremia 23,24.

Abfall von Gott

Am Ende seines Lebens verfiel Salomo dem Götzendienst. Leider wandte er sich von dem Gott der Bibel ab und begann, Götter aus Stein, Holz, Gold und Silber zu verehren. Das Volk blieb nicht hinter seinem König zurück. Der weitere Verlauf der Geschichte zeigt, wie sich das Volk Israel mehr und mehr von dem in der Bibel geoffenbarten Schöpfer-Gott entfernte. Als Ersatzreligion diente die Verehrung der Natur und der fälschlich so genannten kosmischen Kräfte in der Natur (1Kö 11ff.).

Konsequenzen

Dies hatte tragische Folgen. Bereits nach dem Tod Salomos kam es zu einer Spaltung des Staates Israel in ein Nordreich (»Israel«) und ein Südreich (»Juda«). Von da ab war Jerusalem nur noch die Hauptstadt des Südreiches.

Ein Volk, das Gott verlässt, wird seinerseits von ihm verlassen: Um 722 v.Chr. wurde das Nordreich der zehn Stämme Israels von den Assyrern endgültig zusammengeschlagen (2Kö 17).

Dem Südreich ging es nicht besser (2Kö 24–25; 2Chr 36,5ff.):

In den Jahren 606–586 v.Chr. führten die Chaldäer mehrere Kriege gegen den jüdischen Staat. In vier Phasen wurden die Bewohner nach Babylonien, in das Gebiet des heutigen Irak, weggeführt. Die Hauptstadt Jerusalem wurde mitsamt dem Tempel vollständig zerstört. Durch diese Verwüstungen wurde aller Glanz in Staub und Asche gelegt. Viele Tempelgeräte wurden geraubt und weggeführt (Jer 52,17-23; Dan 1,2; 5,1-2). Alles lag in Trümmern. *Weil das jüdische Volk dem Schöpfer den Rücken zugekehrt hatte, sollte es seinerseits den Tempel, das Zeugnis des Allmächtigen in Jerusalem, verlieren.*

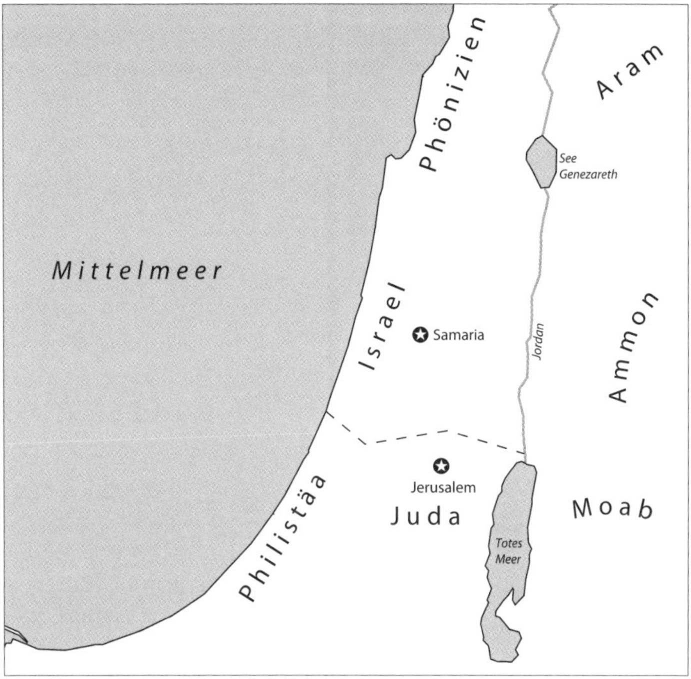

Die Reiche Israel und Juda.

Daniel in Babylon

Bei der ersten Deportation im Jahr 606 v. Chr. wurde auch ein Teenager namens Daniel aus Jerusalem weggeführt (Dan 1,1ff.). Weil er aus adligem Geschlecht war, musste er während sechs Semestern eine Ausbildung an der »Universität« in Babylon absolvieren. Danach sollte er als hoher Beamter in die staatlichen Dienste des Königs Nebukadnezar II. eintreten.

Daniel wirkte in Babylon auch als Prophet. In dem nach ihm benannten Buch hat er vieles geweissagt über den Aufstieg und Fall verschiedener Weltreiche wie Babylon, Persien, Griechenland und Rom. Besonders verblüffend sind seine überaus detaillierten Voraussagen über die Zukunft der Seleuziden und Ptole-

Israelische Briefmarke zur Erinnerung an die Babylonische Gefangenschaft. Das Bild illustriert Psalm 137,1: »An den Flüssen Babels, da saßen wir und weinten, indem wir Zions gedachten« (UELB).

mäer. Mehr als 200 Prophezeiungen aus seinem Buch haben sich in der Vergangenheit historisch nachvollziehbar erfüllt! Es ist möglich, nachzuweisen, dass das Buch Daniel auch wirklich *vor* den geweissagten Ereignissen verfasst worden ist.[18]

In Verbindung mit unserem Thema sind die Voraussagen bezüglich der Zukunft Jerusalems in Kapitel 9 des Buches Daniel besonders wichtig. Zu einem Zeitpunkt, als Jerusalem immer noch in Ruinen lag, wurde Daniel nämlich mitgeteilt, dass der Tag kommen würde, an dem die Hauptstadt der Juden wieder aus den Trümmern und dem Schutt aufstehen würde. Diese Mitteilung war aber nur der Ausgangspunkt einer phänomenalen und dramatischen Schau kommender Schicksale dieser leidgeplagten Stadt bis hin zu einer endgültig herrlichen und friedevollen Zukunft. Wir kommen weiter hinten auf diesen Text ausführlich zu sprechen.

18 Zur Echtheit des Buches Daniel und zur Erfüllung von über 200 Prophezeiungen in diesem Buch vgl. *Liebi, Weltgeschichte im Visier des Propheten Daniel*; ferner *Liebi, Das neue Europa – Hoffnung oder Illusion?*.

Kapitel 3
Der Zweite Tempel in Jerusalem

Rückkehr nach Jerusalem

Bereits um 539 v. Chr. eroberten die Medo-Perser unter der Führung des großen Königs Kyrus (Kores) das Babylonische Weltreich. Dies brachte eine entscheidende Wende für das Leiden des jüdischen Volkes. Kyrus gab den Juden die Erlaubnis, aus der Verbannung in ihr Land zurückzukehren, um dort den Tempel in Jerusalem wiederaufzubauen. Er unterstützte dies sogar aktiv, indem er viele der einst von den Babyloniern geraubten Tempelgeräte (vgl. Dan 1; 5) den in die Heimat Aufbrechenden mit auf den Weg gab (Esr 1).

Jerusalem im Jahr 70. In der Bildmitte befindet sich das von Herodes erbaute Hippodrom (= Pferderennbahn), das auch zu seinen gewaltigen Bauwerken gehörte.

Tausende von Juden ergriffen die angebotene Gelegenheit, um in das Land ihrer Väter zurückzugehen. Sie erwartete allerdings eine mühevolle Aufbauarbeit, verbunden mit vielen Nöten und Schwierigkeiten (vgl. die Bücher Esra und Nehemia). Ein großer Trost für die Juden, die diesen schweren Weg des Neuanfangs auf sich nahmen, war das Wissen um das Kommen des Messias, des verheißenen Erlösers.

Der Bau des Zweiten Tempels

Angekommen im verheißenen Land, machte sich das Volk auf, um in Jerusalem auf dem Tempelplatz zunächst den Altar wiederaufzurichten. So kam man nach Jahrzehnten der Unterbrechung wieder neu zu stellvertretenden Opfern (Esr 3,1-7).

Als nächstes Projekt wurde der Bau des Tempels in Angriff genommen. Die Mittel zum Wiederaufbau desselben waren sehr bescheiden. Deshalb konnte nur ein schlichtes Bauwerk erstellt werden. Alte Leute, die noch die Herrlichkeit des Salomonischen Tempels gekannt hatten, weinten wehmütig beim Anblick der Grundlegung des neuen Hauses Gottes (Esr 3,8-13; Hag 2,3).

Nach vielen Schwierigkeiten und Mühen, die es zu überwinden galt, wurde der Zweite Tempel um 516 v. Chr. vollendet und mit Freuden eingeweiht (Esr 6,14-18).

Der prachtvolle Totalumbau

Im 1. Jahrhundert v. Chr. begann der König Herodes der Große, bekannt als der Kindermörder von Bethlehem (Mt 2,13-18), den Tempel vollständig umzubauen. Er hoffte darauf, dass er sich dadurch bei der jüdischen Bevölkerung und ihren Führern beliebt machen könnte. Herodes investierte unvorstellbare Mit-

Modell des Zweiten Tempels zur Zeit des 1. Jahrhunderts n. Chr.

tel in dieses gigantische, sich schier ins Unermessliche steigernde Bauunternehmen. Das Heiligtum, das eigentliche Tempelhaus, wurde von Priestern und Leviten in anderthalb Jahren umgebaut. Die Arbeit an den Vorhöfen erforderte insgesamt zusätzlich etwa acht Jahre. Tausende von Arbeitern kamen in dieser Zeit zum Einsatz. Für die vollständige Fertigstellung des gesamten Tempelkomplexes mit allen Ergänzungsbauten wurde noch während Jahrzehnten weiter daran gearbeitet. Das ganze Werk wurde erst unter Agrippa II. und dem Prokurator Albinus im Jahr 64 zu einem endgültigen Abschluss gebracht. Schließlich stand ein Prachtwerk da, das zu den Weltwundern der Antike zählte. Im Talmud liest man dazu: »Wer den Tempel aus der Zeit von Herodes nicht gesehen hat, der hat noch nie ein herrliches Bauwerk gesehen« (*Babylonischer Talmud*, Sukkah 51b).

Trotz der Tatsache, dass der Tempel aus der Zeit nach dem Exil in Babylon vollständig umgebaut worden war, bezeichnet man auch den Herodianischen Tempel allgemein als den »Zweiten Tempel«. Die offizielle Zählweise orientiert sich an der Anzahl der Zerstörungen des jeweils vorangegangenen Tempels.

Der Tempel: Jerusalems Krone

Herodes unterhielt allgemein phänomenale und erstaunliche Bauprogramme. Jerusalem stieg dabei zu Pracht und Größe auf, die ihm Weltruhm einbrachten. Der Tempel in Jerusalem bildete dabei die Krönung allen architektonischen Schaffens.

Der jüdische Historiker Flavius Josephus (1. Jh. n. Chr.) beschrieb den Tempel als Augenzeuge mit eindringlichen Worten: »Das Äußere des Tempels wies alles auf, was Herz und Augen staunen lässt. Denn über und über war der Tempel mit Goldplatten umhüllt, und wenn die Sonne aufging, dann gab er einen Glanz wie Feuer von sich, sodass der Beschauer, auch wenn er absichtlich hinsah, sein Auge wie vor den Strahlen der Sonne abwandte. Tatsächlich hatten die Fremden, die sich Jerusalem näherten, den Eindruck eines Schneegipfels; denn wo er des Goldes entbehrte, da war er leuchtend weiß.«[19]

19 *Flavius Josephus, Der Jüdische Krieg*, Band II, S. 116 (Buch V, Kapitel 5, Abschnitt 6).

Kapitel 4
Jerusalem und die 70 Jahrwochen

Der Wiederaufbau Jerusalems nach dem Exil

Wir haben bereits davon gesprochen, dass Tausende von Juden aufgrund des Erlasses von Kyrus im Jahr 539 v. Chr. ins Land Israel zurückkehrten. Die Wiederherstellung des Tempels in Jerusalem stand dabei ganz oben auf der Prioritätenliste und war damit noch wichtiger als der Wiederaufbau der Stadt selbst und ihrer Ringmauer.

Um 445 v. Chr. erteilte der Perserkönig Artaxerxes I. Longimanus (in der Bibel = »Artasasta«) einen speziellen Erlass, damit Jerusalem als Stadt wieder neu aufgebaut würde (Neh 2,1-8).[20] In den davorliegenden nahezu hundert Jahren seit dem Erlass von Kyrus war in dieser Hinsicht nicht viel unternommen worden. Eine Stadtbeschreibung, die auf das Jahr 445 v. Chr. Bezug nimmt, lautet: »*... das Volk darin [war] spärlich, und keine Häuser waren gebaut*« (Neh 7,4b).

Nehemia ergriff aufgrund der Erlaubnis von Artaxerxes die Initiative, um zunächst die Stadtmauer von Jerusalem mit ihren 12 Toren wiederaufzurichten. Da begann eine harte Zeit ständiger militärischer Bedrohung. Nach einer intensiven Arbeit von 52 Tagen war dieses grundlegende Werk vollendet (Neh 2,9 – 7,5). Dadurch konnten in den folgenden Jahren die Trümmer der Stadt hinter geschützten Bollwerken wiederaufgerichtet werden.

20 Zur Berechnung des Jahres 445 v. Chr. (= 20. Jahr der Regierung von Artaxerxes; Neh 2,1) vgl. die starke Beweisführung in: *Anderson, The Coming Prince*, S. 251-257.

Das Motto zum Wiederaufbau Jerusalems lautete: »Kommt und lasst uns die Mauer Jerusalems wiederaufbauen, damit wir nicht länger verhöhnt werden können!« (Neh 2,17b [A. d. H.: eigene Übersetzung des Autors]).

Daniels Prophetie vom Erlass zum Wiederaufbau

Der Erlass von Artaxerxes zum Wiederaufbau Jerusalems war höchst bedeutsam. Der Prophet Daniel hatte von diesem Ereignis, wie schon erwähnt, bereits am Ende der Babylonischen Gefangenschaft gesprochen (539 v. Chr.).[21] Die gewaltige Prophetie in Daniel 9 über die Zukunft Jerusalems bis hin zur Vollendung der Geschichte im Messianischen Friedensreich nimmt diesen Erlass als zeitlichen Ausgangspunkt für alle weiteren Ereignisse in und um diese Stadt.

21 Daniel 9,1: 1. Jahr von Darius, dem Meder = 539 v. Chr. Zur Identifizierung dieser Persönlichkeit siehe *Liebi, Weltgeschichte im Visier des Propheten Daniel*, S. 17-18.

Was nach 70 Jahrwochen geschehen soll

Daniels prophetische Schau der Zukunft Jerusalems wurde zunächst wie folgt umrissen:

»So merke auf das Wort und verstehe das Gesicht: 70 Jahrwochen sind über dein Volk und über deine heilige Stadt bestimmt, um den Abfall zum Abschluss zu bringen und den Sünden ein Ende zu machen und die Ungerechtigkeit zu sühnen und eine ewige Gerechtigkeit einzuführen und Gesicht und Propheten zu versiegeln und ein Allerheiligstes zu salben«[22] (Dan 9,23c-24).

Hier liegt eine Beschreibung des Segens Gottes vor, der einmal über die Stadt Jerusalem kommen soll, wenn der Messias von dort aus über die ganze Welt herrschen wird (vgl. Dan 7,13-14):

a) Das Reich des Messias wird *ein Reich absoluter Gerechtigkeit* sein (vgl. »eine ewige Gerechtigkeit einzuführen«; siehe ferner Jes 11,1-5 und Jer 23,5-6).

b) In diesem Reich wird *das Problem der Sünde vollständig geregelt sein.* Dies wird mit drei verschiedenen Umschreibungen ausgedrückt: »den Abfall zum Abschluss zu bringen«, »den Sünden ein Ende zu machen« und »die Ungerechtigkeit zu sühnen«.

c) Die Prophetie der Bibel wird dann *zur vollen Erfüllung gelangen* (vgl. »Gesicht und Propheten zu versiegeln [bzw. zu bestätigen]«).[23]

d) Schließlich wird noch darauf hingewiesen, dass dann *ein neuer Tempel* eingeweiht werden soll (vgl. »ein Allerheiligstes zu salben«). Dieser Tempel wird ausführlich in Hesekiel 40–48 beschrieben. Um etwas vorzugreifen: Es handelt sich hier, wie ich später noch näher erläutern werde, um den letzten Tempel, der im Tausendjährigen Reich stehen wird.

---

22 A. d. H.: Eigene Übersetzung des Autors (so bei allen Zitaten aus Dan 9).

23 Das hebräische Wort »chatam«, das im zitierten Text der UELB und Elb 2003 mit »versiegeln« übersetzt ist, bedeutet u. a. auch »bestätigen« (vgl. *Koehler/Baumgartner, Hebräisches und aramäisches Lexikon zum Alten Testament*, Band I, S. 350).

Daniel 9,23b-27

Bevor wir diesen prophetischen Text im Detail untersuchen, sei er hier zusammenhängend wiedergegeben:

(23) »Im Anfang deines Flehens ist ein Wort ausgegangen, und ich bin gekommen, um es dir kundzutun; denn du bist ein Vielgeliebter. So merke auf das Wort und verstehe das Gesicht:

(24) 70 Jahrwochen sind über dein Volk und über deine heilige Stadt bestimmt, um den Abfall zum Abschluss zu bringen und den Sünden ein Ende zu machen und die Ungerechtigkeit zu sühnen und eine ewige Gerechtigkeit einzuführen und Gesicht und Propheten zu versiegeln und ein Allerheiligstes zu salben.

(25) So wisse denn und verstehe: Vom Ausgehen des Wortes, Jerusalem wiederherzustellen und zu bauen, bis auf den Messias, den Fürsten, sind 7 Jahrwochen und 62 Jahrwochen. Straßen und Gräben werden wiederhergestellt und gebaut werden, und zwar in Drangsal der Zeiten.

(26) Und nach den 62 Jahrwochen wird der Messias weggetan werden und nichts haben. Und das Volk des kommenden Fürsten wird die Stadt und das Heiligtum zerstören, und das Ende davon wird durch die überströmende Flut sein; und bis ans Ende: Krieg, Festbeschlossenes von Verwüstungen.

(27) Und er wird einen festen Bund mit den Vielen schließen für eine Jahrwoche; und zur Hälfte der Jahrwoche wird er Schlachtopfer und Speisopfer aufhören lassen. Und wegen der Beschirmung der Gräuel wird ein Verwüster kommen, und zwar bis Vernichtung und Festbeschlossenes über das Verwüstete ausgegossen werden.«

Vom Erlass bis zum Messias

Wie gesagt, die Prophetie in Daniel 9 geht vom Erlass zum Wiederaufbau Jerusalems im Jahr 445 v. Chr. aus:

»So wisse denn und verstehe: Vom Ausgehen des Wortes, Jerusalem wiederherzustellen und zu bauen, bis auf den Messias, den Fürsten, sind 7 Jahrwochen und 62 Jahrwochen.«

Aufgrund dieser Aussage war es möglich, den Zeitpunkt, wann der verheißene Erlöser (der »Messias«) erscheinen würde, zu berechnen: *Vom* Tag des Erlasses zum Wiederaufbau Jerusalems *bis* zum Auftreten des Messias als Fürst sollten 69 (= 7 + 62) Jahrwochen vergehen.

Was sind Jahrwochen?

Das hier mit »Jahrwochen« übersetzte hebräische Wort »shavua« hängt zusammen mit dem Zahlwort »sheva« (= »sieben«). Es bezeichnet eine »Siebener-Einheit«, entweder von Tagen (= Woche) oder von Jahren (= Jahrwoche). In unserem Kontext kommt nur die Bedeutung »Jahrwoche« (d. h. »eine Periode von sieben Jahren«) infrage. So wurde das Wort z. B. offensichtlich auch im Talmud von den alten Rabbinern verstanden (*Babylonischer Talmud*, Nasir 32b).

Nun wird es klarer: 69 Jahrwochen sind gleichbedeutend mit 483 Jahren (69 x 7 Jahre = 483 Jahre).

Umrechnung der Jahrwochen in Tage

Die prophetischen Jahre der Bibel dauern 360 Tage. Dies ergibt sich z. B. aus folgender Feststellung: Im Buch der Offenbarung wird über die letzte Hälfte der 70. Jahrwoche gesprochen (= 3 ½ Jahre).

Dabei werden 42 Monate mit 1260 Tagen gleichgesetzt (Offb 11,2-3). Folglich hat dort ein Jahr von 12 Monaten 360 Tage.

Ich denke, dass in diesem Zusammenhang auch noch Folgendes erwähnenswert ist: In der Sintflutgeschichte finden sich die ältesten Datumsangaben mit Monaten in der Bibel. Auffälligerweise wird dort konsequent mit Monaten von 30 Tagen gerechnet. Die Dauer der fünf Monate vom 17. Tag des zweiten bis zum 17. Tag des siebten Monats wird nämlich mit genau 150 Tagen beziffert (1Mo 7,11; 8,4; 7,24).

Sir Robert Anderson hat ferner nachgewiesen, dass es sich z. B. auch bei den 70 prophetischen Jahren in Jeremia 25,11 effektiv um Zeiteinheiten von 360 Tagen handelt.[24]

Aufgrund dieser Überlegungen sind wir jetzt in der Lage, die 69 Jahrwochen mit *173 880 Tagen* gleichzusetzen: 69 x 7 x 360 Tage = 173 880 Tage.

Anfangs- und Endpunkt der 69 Jahrwochen

Der Erlass von Artaxerxes kam, gemäß den Angaben im Buch Nehemia, im Monat Nisan, im 20. Jahr seiner Regierung, heraus (Neh 2,1). Artaxerxes regierte von 464 bis 423 v. Chr. Er bestieg den Thron im Februar 464. De jure begann seine Herrschaft aber schon im Juli 465 (nach der Ermordung von Xerxes). Ab welchem Datum rechnete Nehemia? Als persischer Beamter rechnete er die Regierungszeit seines Herrn offensichtlich bereits ab Juli 465. Dies geht aus folgenden Tatsachen hervor: Nehemia 1,1 und 2,1 zufolge fiel zunächst der Monat »Kislew« (November/Dezember) und erst *danach* der Monat »Nisan« (März/April) auf das 20. Regierungsjahr. Diese Angaben machen eindeutig klar, dass Nehemia das 1. Regierungsjahr seines Königs ab *Juli* 465 rechnete:

24 *Anderson, The Coming Prince*, S. 67-75 (»The Prophetic Year«).

Hätte Nehemia die Regierungszeit ab *Februar* 464 gerechnet, so wäre diese Monatsfolge nicht möglich gewesen. In diesem Fall wäre der Monat Nisan *vor* dem Monat Kislew gekommen. Die Zeitangabe in Nehemia 2,1 können wir aufgrund dieser Überlegungen zwingend mit März/April 445 v. Chr. gleichsetzen.

Wenn man von hier aus 173 880 Tage dazurechnet, kommt man auf den Monat Nisan (März/April) des Jahres 32 n. Chr. In diesem Monat ritt Jesus von Nazareth auf einem Esel nach Jerusalem ein. Er wurde dabei von der Volksmenge stürmisch als Messias-Fürst begrüßt![25]

Einige klärende Bemerkungen zur Berechnung dieses zuletzt genannten Zeitpunktes werden von Nutzen sein: Jesus begann seinen öffentlichen Lehrdienst »im fünfzehnten Jahr der Regierung des Kaisers Tiberius« (Lk 3,1). Tiberius regierte von 14 bis 37 n. Chr. Das 15. Jahr war daher das Jahr 29 n. Chr.[26] Der triumphale Einzug Jesu nach Jerusalem (Joh 12,1.12-19) fand im dritten

25 Den Ruf aus Psalm 118,26 (»baruch haba beshem adonaj« [»Gesegnet sei, der da kommt im Namen des HERRN«]) fasste man im Judentum als Grußformel für den Messias auf. Mit diesem Salut sollte er bei seinem Erscheinen in Israel empfangen werden.

Genau mit diesen Worten wurde Jesus bei seinem Einzug in Jerusalem gefeiert (Joh 12,13).

Im Hebräischen ist »baruch haba« eine feste Redewendung und bedeutet so viel wie »Willkommen!«. Deshalb sollte dieser Messias-Gruß am besten mit »Willkommen sei, der da kommt im Namen des HERRN!« übersetzt werden.

26 Jesus begann seinen öffentlichen Dienst gemäß Lukas 3,23 im Alter von etwa 30 Jahren: *»Und er selbst, Jesus, war etwa dreißig Jahre alt, als er anfing* [öffentlich zu lehren; vgl. Apg 1,1] ...« (A. d. H.: eigene Übersetzung des Autors).

Aus dieser Zeitangabe kann das Geburtsjahr Jesu nicht zwingend berechnet werden, weil die Ausdrucksweise »etwa 30 Jahre« lediglich eine ungefähre Altersangabe darstellt. Rein sprachlich gesehen, könnte dies »etwas weniger« oder »etwas mehr als 30 Jahre« bedeuten.

In vielen Publikationen wird davon ausgegangen, dass die Geburt Jesu im Jahr 4 v. Chr. stattgefunden hat. Weshalb? Die Geburt Jesu fand noch vor dem Tod Herodes' des Großen statt (Mt 2). Das Todesjahr dieses Herrschers wird gewöhnlich auf 4 v. Chr. angesetzt. Das ist allerdings noch kein zwingendes Argument. Sir Robert Anderson hat nämlich starke astronomische und historische Gründe aufgezeigt, die das Todesjahr von Herodes eher auf 1 v. Chr. verweisen (*Anderson, The Coming Prince*, S. 257-264).

Jahr seiner Lehrzeit als Rabbi (Lk 13,7[27]) statt – wenige Tage vor dem Passahfest im Monat Nisan[28] (mit anderen Worten: in der Zeit von März/April 32 n. Chr).

Prophetie und Astronomie

Bei der Berechnung der 173 880 Tage, die zwischen dem Erlass im Monat Nisan 445 v. Chr. und dem Einzug im Monat Nisan 32 n. Chr. liegen, müssen folgende Eigenheiten des julianischen Kalenders beachtet werden:

- In dieser Zeitperiode gab es 116 Schalttage, die mitgerechnet werden müssen.
- Das julianische Jahr ist gegenüber dem Sonnenjahr um ca. den 128. Teil eines Tages länger. Dies kann in unserer zur Debatte stehenden Periode korrigiert werden, indem alle 128 Jahre ein Schalttag unberücksichtigt bleibt. Deshalb dürfen in dieser Zeit nicht 119, sondern lediglich 116 Schalttage gezählt werden.
- Im gregorianischen Kalender versucht man, diese Verschiebung so zu korrigieren, dass man dreimal alle 100 Jahre ein Schaltjahr auslässt und dann nach weiteren 100 Jahren das Schaltjahr wieder belässt: Die Jahre 1700, 1800 und 1900

27 Der Feigenbaum im Weinberg ist hier ein Symbol für die Nation Israel (vgl. zu dieser Bildersprache z. B. Jes 5,1ff.; Jer 24; Hos 9,10.16). Knapp drei Jahre lang reiste Jesus im Land Israel umher und suchte unter dem Volk Frucht für Gott. Dieses Bemühen erwies sich als sehr enttäuschend.
Zu den knapp drei Jahren des Lehrdienstes vgl. noch folgende Stellen: Johannes 2,13; 6,4 und 11,55. In diesen Versen wird von drei Passahfesten berichtet, an denen Jesus während seiner öffentlichen Wirksamkeit teilgenommen hatte.

28 Das Passah war in der Thora auf den 14. Nisan fixiert worden (vgl. 2Mo 12,6).
Man beachte: Im Gesetz Moses wird der Monat Nisan »Aviv« (bzw. »Abib«) genannt. »Nisan« ist der nachexilische Name für den Monat »Aviv«.

durften in diesem Kalendersystem keine Schaltjahre sein; das Jahr 2000 musste hingegen wieder ein Schaltjahr sein.

- Es gibt in der *Geschichte* kein Jahr null. Zwischen 1 v. Chr. und 1 n. Chr. liegt nur ein Jahr. In der *Astronomie* rechnet man hingegen mit einem Jahr null. Deshalb entspricht z. B. das geschichtliche Jahr 445 v. Chr. in der Astronomie dem Jahr 444. Dies sind Konventionen, die im Allgemeinen nicht so bekannt sind.

Sir Robert Anderson, einstiger Chef von Scotland Yard, hat in Zusammenarbeit mit dem »Royal Observatory« in Greenwich ein grundlegendes Werk zur Berechnung der Jahrwochen Daniels herausgebracht. Für detailliertere Auskünfte zu diesem Thema sei seine Publikation an dieser Stelle wärmstens empfohlen.[29]

6. April 32 n. Chr.

Sir Robert Anderson berechnete den Zeitpunkt des Passahfestes im Jahr 32 n. Chr. Es fiel auf Donnerstag, den 10. April. Grundlage dieser Berechnung waren dabei der Moment des Erscheinens der Neumondsichel Ende März sowie die Einberechnung einer kleinen schalttagsbedingten Verschiebung in diesem Jahr.[30]

Gemäß Johannes 12,1 kam Jesus 6 Tage vor dem Passah nach Bethanien. Dies war folglich am Freitag, dem 4. April. Dort bekam er ein Abendessen (Joh 12,2). Es handelte sich augenfällig um ein Sabbatmahl. (Der jüdische Tag beginnt jeweils am Vorabend und dauert von Abend zu Abend [vgl. 3Mo 23,32].) Dieser Sabbat fiel demzufolge auf Samstag, den 5. April. Am

29 *Anderson, The Coming Prince.*

30 Zum Problem der Kalenderkorrektur in der jüdischen Geschichte vgl. *Anderson, The Coming Prince*, S. 88-105.

nächsten Tag, also am Sonntag, dem 6. April, fand der Einzug nach Jerusalem statt (Joh 12,12).

Am 6. April 32 n. Chr. ritt Jesus, vom Ölberg her kommend, durch das Tal Kidron hindurch auf den Tempelberg. Bei diesem Ereignis wurde er von der Volksmenge als Messias-Fürst gefeiert.

14. März 445 v. Chr.

In Nehemia 2,1 wird nur der Monat, nicht aber der Tag des Erlasses genannt. Aus verschiedenen Überlegungen geht jedoch hervor, dass dieser Erlass sehr wahrscheinlich am Anfang des Monats herausgekommen sein muss:

Nachdem Nehemia die königliche Erlaubnis zum Wiederaufbau der Stadt Jerusalem erhalten hatte, brach er auf, um sich dort sofort ans Werk zu machen. Die Ringmauer wurde nach 52 Tagen intensivster Arbeit am 25. Elul[31] vollendet (Neh 6,15). Daraus folgt, dass der Mauerbau am 3. Av[32] seinen Anfang ge-

31 Elul = der 6. Monat des sakralen jüdischen Kalenders. Er fällt auf August/September.

32 Av (bzw. Ab) = der 5. Monat des sakralen jüdischen Kalenders. Er fällt auf Juli/August.

nommen hatte. Dies wiederum verdeutlicht, dass Nehemia spätestens am *1. Av* in Jerusalem angekommen war (Neh 2,11).

Wie lange hatte wohl seine Reise von Susan (Susa) bis nach Jerusalem gedauert? Hier drängt sich ein Vergleich mit der Jerusalem-Reise Esras auf. Dieses Unternehmen hatte ja nur 13 Jahre früher stattgefunden. Esra brach am *1. Nisan* in Babylon auf und kam am *1. Av* in Jerusalem an. Nehemias Reiseroute von Susan aus war noch länger als die von Esra. Somit sehen wir uns gezwungen, seinen Aufbruch so früh wie möglich im Monat Nisan anzusetzen. Den Erlass von Artaxerxes setzen wir daher am naheliegendsten auf den Monatsanfang.

Die Erfüllung der 69 Jahrwochen

Gehen wir einmal vom 1. Nisan aus. Bei diesem Datum handelt es sich übrigens um den Neujahrstag des sakralen jüdischen Kalenders. In Greenwich berechnete man, dass der 1. Nisan 445 v. Chr. auf den 14. März fiel. *Zwischen dem 14. März 445 v. Chr. und dem 6. April 32 n. Chr. liegen exakt 173 880 Tage!*

Zwischen diesen beiden Daten liegen 476 Jahre und 24 Tage. Achtung: Nicht 477 Jahre, da von 1 v. Chr. bis 1 n. Chr. nur 1 Jahr liegt, wir rechnen ja mit geschichtlichen und nicht mit astronomischen Jahreszahlen! 476 x 365 Tage (gemäß dem julianischen Kalender) ergeben 173 740 Tage. Zählt man noch die zusätzlichen 24 Tage dazu, so kommt man auf 173 764 Tage. In unserer zu berechnenden Periode gab es 116 Schalttage. Zunächst würde man eigentlich 119 erwarten (476 : 4 = 119), aber wie oben erwähnt, müssen in unserer Berechnungszeitspanne wegen der Verschiebung zum Sonnenjahr 3 davon unberücksichtigt bleiben. Jetzt ergibt sich das Schluss-Ergebnis ohne Mühe: 173 764 Tage + (119 – 3) Tage = 173 880 Tage. *Daniel 9,25 hat sich erfüllt – und zwar in Jesus von Nazareth!* Damit ist auch der Beweis geliefert, dass der von so vielen verschmähte und verachtete Rabbi aus Galiläa der verheißene Messias ist!

An dieser Stelle sei noch darauf hingewiesen, dass es im Ganzen über 330 Prophezeiungen im Alten Testament gibt, die sich in Jesus von Nazareth erfüllt haben und ihn damit als den von Gott verheißenen Erlöser bestätigen. Mein Buch *Erfüllte Prophetie*[33] habe ich ausführlich dieser Thematik gewidmet.

Selbst wenn man an Details in den Berechnungen von Anderson kritische Anfragen stellen wollte, so ist es doch in jedem Fall klar ersichtlich, dass die 173 880 Tage der 69 Jahrwochen Daniels mit schlicht umwerfender Präzision in die Zeit zwischen dem Erlass des Königs Artaxerxes und dem Einzug Jesu nach Jerusalem hineinpassen; man kann es drehen und wenden, wie man will.

Ergänzende Bemerkungen zu den 69 Jahrwochen

Die 7 ersten Jahrwochen

Die 69 Jahrwochen sind im Text von Daniel 9,25 in 7 und 62 Jahrwochen aufgeteilt. Dies hat seinen guten Grund: Die 7 ersten Jahrwochen (= 49 Jahre) beziehen sich auf den Wiederaufbau und die Vollendung Jerusalems. Die Zahl 7 weist gemäß ihrer biblischen Symbolbedeutung auf Vollkommenheit und Vollendung hin.[34] Von dieser Zeit heißt es: »*Straßen und Gräben werden wiederhergestellt und gebaut werden, und zwar in Drangsal der Zeiten*« (Dan 9,25c). Ich habe schon früher darauf hingewiesen, dass das Buch Nehemia schildert, wie diese Periode des Wiederaufbaus

33 *Liebi, Erfüllte Prophetie.*

34 Vgl. z.B. die 7 Schöpfungstage (1Mo 1); die 7 Lampen der Menora (2Mo 25,31ff.); die 7 Feste des Ewigen (3Mo 23); die 7 Augen (Sach 3,9); ferner die 7 Siegel, die 7 Posaunen und die 7 Zornesschalen in der Offenbarung.

eine schwere Zeit ständiger Anfeindungen und militärischer Bedrohung war.

Die Unterteilung der Jahrwochen ist sehr wichtig. Wie sollte man sonst wissen, dass mit dem Dekret von Daniel 9 wirklich dasjenige von Artaxerxes und nicht das von Kyrus (vgl. Jes 44,28; Esr 1) gemeint ist?

Daniel 9 besagt gewissermaßen, dass in den ersten 7 Jahrwochen (= 49 Jahre) nach dem Erlass Jerusalem vollendet werden sollte. Ich betone nochmals, dass die Zahl 7 auch eine symbolische Bedeutung hat (ohne dabei die wörtliche aufzuheben), die auf Vollendung und Vollkommenheit hinweist.

Noch 100 Jahre nach dem Erlass von Kyrus war Jerusalem mitnichten wiederhergestellt! In den Jahrzehnten nach Artaxerxes stand Jerusalem aber wieder aus dem Schutt und den Trümmern auf. Bereits in dieser Frühzeit konnte man daher erkennen, dass die Jahrwochen eindeutig von Artaxerxes an gerechnet werden mussten.

Die 62 Jahrwochen

Der Vers 26 schließt gleich an die Beschreibung der Wiederherstellung Jerusalems an (Dan 9,26):

»Und nach den 62 Jahrwochen wird der Messias ermordet werden und nichts haben.«

Jetzt wird plötzlich nicht mehr von den ersten 7 Jahrwochen gesprochen, sondern nur noch von den darauf folgenden 62. Dies bestätigt noch einmal, dass die ersten 7 Jahrwochen sich auf die am Ende von Vers 25 beschriebene Vollendung Jerusalems beziehen. Sobald Jerusalem wieder als fertige Stadt dastand, begannen die nächsten 62 Jahrwochen, an deren Ende der Messias als Fürst auftreten sollte.

Wo soll der Punkt hin?

Es gibt Bibelübersetzungen, in denen die Satzeinteilung in Daniel 9,25 anders vorgenommen worden ist als in der Übersetzung, die ich weiter vorne zitiert habe.[35] Dies verändert den Sinn der Textstelle total. So besagen manche Übersetzungen wegen ihrer anderen Interpunktion, dass von dem Erlass zum Wiederaufbau Jerusalems bis auf den Messias 7 Jahrwochen vergehen sollen – und dann wird ein Punkt gesetzt. Dafür sollen dann Jerusalems Straßen und Gräben während 62 Jahrwochen aufgebaut werden oder aufgebaut sein.

Als Beispiel sei die revidierte Elberfelder angeführt: »Von dem [Zeitpunkt an, als das] Wort erging, Jerusalem wiederherzustellen und zu bauen, bis zu einem Gesalbten, einem Fürsten, sind es sieben Wochen. Und 62 Wochen [lang] werden Platz und Stadtgraben wiederhergestellt und gebaut sein, und zwar in der Bedrängnis der Zeiten. Und nach den 62 Wochen wird ein Gesalbter ausgerottet werden und wird keine [Hilfe] finden« (Dan 9,25-26a).

Meine nun folgende Kritik an der Übersetzungsweise dieser Stelle soll bitte nicht als eine pauschale Beanstandung der revidierten Elberfelder und anderer Übersetzungen, in denen derselbe Fehler begangen wurde, aufgefasst werden.

Die Bibelübersetzer, die den Punkt im Satz so gesetzt haben wie in diesem Zitat, berufen sich im Allgemeinen dabei auf die Tatsache, dass die Masoreten[36] im Mittelalter in ihren hebräischen Handschriften an dieser Stelle als musikalisches Vortragszeichen ein »Athnach« hingesetzt haben. Da dieser Akzent nicht nur eine musikalische Bedeutung hat, sondern auch eine gewisse Funktion als trennendes Interpunktionszeichen ausübt, haben sie ihn hier unglücklicherweise als »Punkt« interpretiert. In diesem

35 Z. B. Zürcher, RELB usw.

36 Die Masoreten waren jüdische Gelehrte, die den hebräischen Bibeltext mit außergewöhnlicher Sorgfalt abschrieben und ferner sowohl die Aussprache als auch den gesungenen Vortrag des Textes fixierten.

Zusammenhang sollte aber klar betont werden, dass der Interpunktionswert der musikalischen Zeichen in den masoretischen Bibelhandschriften *nur ein relativer* ist. Für die logische Gliederung des Satzes kann z. B. das Zeichen »Athnach« manchmal eine sehr starke (z. B. in 1Mo 1,4 [beim Wort »gut«]) und manchmal eine *nahezu unmerkliche Zäsur* andeuten (z. B. in 1Mo 1,1 [beim Wort »Gott«]).[37] Die Behauptung, dass die Masoreten mit dem »Athnach« in Daniel 9,25 an so etwas wie einen »Punkt« gedacht haben, ist eine völlig unbewiesene Behauptung. Dies ist umso deutlicher, wenn man in Betracht zieht, dass Rabbi Shlomo Jizchaqi (= »Rashi«), einer der bedeutendsten jüdischen Bibelkommentatoren (1040 – 1105), im Blick auf Daniel 9,26 sagte, dass hier Leiden geweissagt seien, die das jüdische Volk im Jahr 70 unter Titus zu erdulden hatte. Ferner muss man sich die Tat-

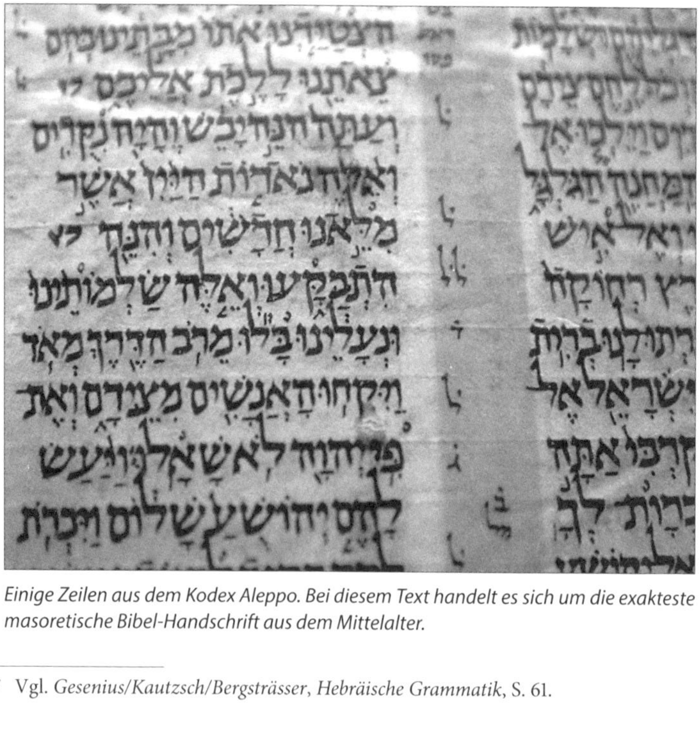

Einige Zeilen aus dem Kodex Aleppo. Bei diesem Text handelt es sich um die exakteste masoretische Bibel-Handschrift aus dem Mittelalter.

37 Vgl. *Gesenius/Kautzsch/Bergsträsser, Hebräische Grammatik*, S. 61.

sache vor Augen halten, dass man aufgrund des richtigen Verständnisses dieser Stelle im Judentum der Antike allgemein mit dem Kommen des Messias im 1. Jahrhundert gerechnet hatte (vgl. Tacitus, *Historien* V, 13).

Wenn der Text den Sinn verliert ...

Diese oben angeführte Interpunktion aus der revidierten Elberfelder erweist sich aus verschiedenen Gründen als höchst problematisch: Sowohl ein Aufbau während 434 Jahren als auch ein Bestehen während 434 Jahren entsprechen nicht den historischen Tatsachen. Es wird aber noch eigentümlicher: Plötzlich soll der am Ende der 7 ersten Jahrwochen gekommene Messias nach den 62 Jahrwochen (also 434 Jahre nach seinem Kommen) ermordet werden. Wie das? Gut, man könnte da sagen, dass es sich im Vers 26 wieder um einen anderen Messias handle. Aber dann müsste ein sprachlicher Hinweis den Unterschied verdeutlichen, so wie z. B. der »Fürst« (hebr. »nagid«) in Vers 26 von dem anderen »Fürsten« (hebr. »nagid«) in Vers 25 durch den Zusatz »der kommende« bzw. »der zukünftige« (hebr. »haba«) differenziert wird. Dies ist aber in Verbindung mit dem Begriff »Messias« nicht der Fall. Somit ist der Messias in Vers 26 dieselbe Person wie der Messias in Vers 25. Man kann es wenden und drehen, wie man will, der Text wird mit dieser Interpunktion unsinnig, sodass *man für ihn absolut keine historisch belegbare Erfüllung nachweisen kann.*

Fazit: Diese Interpunktion ist falsch. Daniel 9 wird dadurch in seiner Aussage entstellt. Setzt man die Interpunktion jedoch so, wie dies weiter vorne geschehen ist, wo der Text von 7 und 62 Jahrwochen spricht, dann wird die Stelle sinnvoll und erweist sich als eine derart wunderbare und absolut präzise mit der Geschichte übereinstimmende Prophetie, die jeden Leser herausfordert und in Staunen versetzen muss.

Ursprünglich: Ein Text ohne Satzzeichen

In diesem Zusammenhang sind folgende Gegebenheiten wichtig: Ursprünglich wurde der hebräische Text der Bibel ohne irgendwelche Satzzeichen geschrieben. Satzzeichen sind ein Werk späterer Gelehrter, die sich darum bemüht haben. Wenn man nun zu wählen hat zwischen einer Interpunktion, die den Text sinnvoll macht, und einer solchen Interpunktion, die ihn sinnlos macht, sollte die Wahl eigentlich nicht so schwer sein!

Älteste Bestätigung durch jüdische Gelehrte

Die von mir verwendete Interpunktion entspricht auch dem Verständnis der »Septuaginta«.[38] Diese griechische Übersetzung ist das Werk von jüdischen Gelehrten aus dem 3./2. Jahrhundert v. Chr. Sie ist die älteste uns bekannte Übersetzung des Alten Testaments.

Jesus allein

Es gibt viele Versuche, Daniel 9 einen anderen Sinn zu geben, damit man in diesem Text nicht einen Hinweis auf den verachteten Nazaräer sehen müsste. Keine dieser Umdeutungen kann jedoch auf eine historisch nachprüfbare und in allen Teilen stimmige Erfüllung hinweisen! *Allein die Erfüllung in Jesus Christus entspricht einer strengen wissenschaftlichen Überprüfung.*

Der Tod des Messias

Wir kommen nochmals auf Daniel 9,26a zurück:

»*Und nach den 62 Jahrwochen wird der Messias ermordet werden und nichts haben.*«[39]

---

38 Vgl. dazu die im Literaturverzeichnis aufgeführte Standardausgabe der Septuaginta.

39 A. d. H.: Hier und im Folgenden eigene Übersetzung des Autors.

Jesus Christus wurde auf »Golgatha« (= aram. für »Schädelstätte«) nahe bei einem Stadttor Jerusalems gekreuzigt (vgl. Hebr 13,12). In Übereinstimmung mit römischer Sitte lag dieser Hinrichtungsort unmittelbar an einer belebten Straße. Die kleine, etwa 12 Meter hohe Erhebung inmitten eines Steinbruchs ist hier in der Bildmitte gut sichtbar. Dieser bedeutungsvolle Ort erinnert in seiner Form an den »Har'el« (= »Gottesberg«; Hes 43,15), auf dem der Brandopferaltar des Tempels stand.

Die 62 Jahrwochen folgten, wie bereits ausgeführt, direkt auf die 7 ersten. *Genau am Ende* der 62 Jahrwochen sollte der Messias als Fürst auftreten. Wir haben gesehen, wie sich dies in Jesus von Nazareth erfüllt hat – an dem Tag, als auch gerade die Verheißung von Sacharja 9,9 eingetroffen ist:

»Frohlocke laut, Tochter Zion; jauchze, Tochter Jerusalem! Siehe, dein König wird zu dir kommen: Gerecht und ein Retter ist er, demütig und auf einem Esel reitend, und zwar auf einem Fohlen, einem Jungen der Eselin.«

Daniel 9,26a spricht aber noch von einem weiteren Zeitpunkt. Es heißt *»Und* nach *den 62 Jahrwochen wird der Messias ermordet werden …«*[40] Es wird nicht gesagt, wie viel später diese Ermordung stattfinden sollte. Jesus Christus wurde, wie wir rückblickend wissen, fünf Tage *nach* seinem Einzug in Jerusalem, nämlich am 15. Nisan, wie ein Verbrecher durch Kreuzigung hingerichtet.

Viele meinten bzw. meinen es noch, Jesus hätte versagt, weil er kein weltweites Friedensreich aufgerichtet und das Joch der Römer nicht zerbrochen hatte. Doch der Prophet hatte es ja angekündigt. Es musste so kommen und nicht anders (Dan 9,26a):

»… und [er wird] nichts haben.«

40 A. d. H.: Hervorhebung hinzugefügt.

Kapitel 5
Jerusalems Schicksal: Krieg und Verwüstung

Die Zerstörung Jerusalems und des Tempels

Die Voraussage Daniels zeigt, was nach dem Tod des Messias noch kommen sollte (9,26b):

»Und das Volk des kommenden Fürsten wird die Stadt und das Heiligtum zerstören …«

Als Konsequenzen der Ermordung des angekündigten Erlösers mussten Jerusalem und auch der Tempel in Jerusalem zerstört werden. Es wird auch hier nicht gesagt, wie viel später dies geschehen würde, aber das Wort *»und«* deutet in diesem Zusammenhang die logische und zeitliche Folge auf die Tötung des Verheißenen an.

Der Krieg um Jerusalem im Jahr 70

Die Geschichte bestätigt auch diese Weissagung: Kaum 40 Jahre nach der Kreuzigung des Messias kamen die Römer und verwüsteten Jerusalem in einem grausamen Krieg vollständig. Während eines fünfmonatigen erbitterten Kampfes verloren dabei weit über 1 000 000 Juden ihr Leben. Etwa 600 000 verhungerten in den Häusern und auf den Straßen Jerusalems. Ihre Leichname wurden über die Stadtmauern geworfen – durchschnittlich etwa 4000 pro Tag.

Gemäß den Berichten des Augenzeugen Flavius Josephus wollte der Feldherr Titus, der die römischen Legionen im Krieg gegen Jerusalem anführte, den prachtvollen Tempelbau verschonen, um ihn so als Schmuckstück des Römischen Reiches erhalten zu kön-

Jerusalem im Jahr 70.

nen.[41] Doch die Prophetie musste sich, entgegen dem Willen dieses starken Mannes, erfüllen: In der Eskalation des Krieges steckte ein römischer Legionär den Tempel durch eine Fackel in Brand. Titus versuchte, ihn mit allen Mitteln noch zu retten. Seine Befehle richteten jedoch nichts mehr aus. Der Krieg artete völlig aus. Die in Raserei geratenen römischen Soldaten steckten den Tempel an weiteren Stellen in Brand und schlachteten die Menschen im Tempel zu Tausenden nur noch so ab. Flavius Josephus schreibt: »Namentlich beim Altar lagen die Gefallenen zuhauf, von Blut trieften die Straßen, und die Leichen derer, die oben den Tod fanden, schlugen unten auf.«[42] Die kurzen, aber derart prägnanten Worte des Propheten Daniel bewahrheiteten sich unerbittlich.

Der Triumphbogen des Titus in Rom erinnert bis heute an diese schrecklichen Ereignisse. Auf ihm sind geraubte Tempelgeräte abgebildet, ein siebenarmiger Leuchter (Menora) und andere Schätze aus Jerusalem.

41 *Flavius Josephus, Der Jüdische Krieg,* VI.4.3., Bd. II, S. 195.
42 *Flavius Josephus, Der Jüdische Krieg,* VI.4.6., Bd II, S. 197-198.

Jesus, der Prophet

Ankündigung der Zerstörung Jerusalems

Am Tag seines Einzugs nach Jerusalem hatte Jesus im Wissen darum, dass die Masse des jüdischen Volkes seinen Messias-Anspruch massiv verwerfen würde, die bevorstehende Verwüstung Jerusalems angekündigt. In Lukas 19,41-44 heißt es:

»*Und als er sich näherte und die Stadt sah, weinte er über sie und sprach: Wenn* du *doch erkannt hättest – und wenigstens an diesem deinem Tag* [d.h. am 173 880. Tag nach dem Erlass von Artaxerxes] –, *was zu deinem Frieden dient! Jetzt aber ist es vor deinen Augen verborgen. Denn Tage werden über dich kommen, da werden deine Feinde einen Wall gegen dich aufschütten und dich umzingeln und dich von allen Seiten bedrängen; und sie werden dich dem Erdboden gleichmachen und deine Kinder in dir zu Boden strecken und werden in dir nicht einen Stein auf dem anderen lassen, darum, dass du die Zeit deiner Heimsuchung nicht erkannt hast.*«

Der siebenarmige Leuchter auf dem Titus-Bogen erinnert noch heute an die Schreckenstage des Jahres 70, als Jerusalem mitsamt dem Tempel unterging.

Das Lukas-Evangelium, in dem dieser feierliche Ausspruch Jesu überliefert ist, wurde spätestens um 62 n. Chr., also mindestens noch acht Jahre vor der Zerstörung Jerusalems, verfasst.[43]

Ankündigung der Zerstörung des Tempels

Auch die Zerstörung des Tempels hatte Jesus prophetisch angekündigt. In Matthäus 24,1-2 liest man:

»Und Jesus trat hinaus und ging von dem Tempel weg; und seine Jünger traten herzu, um ihm die Gebäude des Tempels zu zeigen. Er aber antwortete und sprach zu ihnen: Seht ihr nicht dies alles? Wahrlich, ich sage euch: Hier wird nicht ein Stein auf dem anderen gelassen werden, der nicht abgebrochen werden wird.«

Die Geschichte bestätigt, dass jedes dieser prophetischen Worte in Erfüllung gegangen ist. Der Text des Matthäus-Evangeliums wurde übrigens zwischen 32 und 63 n. Chr. abgefasst, d. h. noch Jahre *vor* der Zerstörung des Tempels.[44]

Zu den Endzeitreden Jesu

Jesu Ankündigung der Zerstörung des Tempels löste bei seinen Jüngern verschiedene Fragen aus, die in den sogenannten »Endzeitreden« in Matthäus 24, Markus 13 und Lukas 21 beantwortet wurden. Es handelt sich um folgende Fragen:

1. Wann wird die Zerstörung des Tempels stattfinden, und durch welches Zeichen wird sie als unmittelbar bevorstehend angekündigt werden (Lk 21,7; Mt 24,3)?
2. Was ist das Zeichen der Wiederkunft Jesu (Mt 24,3)?
3. Was ist das Zeichen der Vollendung dieses Heilszeitalters (Mt 24,3)?

---

43 Vgl. *Mauerhofer, Einleitung in das Neue Testament*, S. 66-68.
44 Vgl. *Mauerhofer, Einleitung in das Neue Testament*, S. 29.

Die Fragen 2 und 3 werden in all den drei oben genannten Kapiteln der Evangelien behandelt. Die Antwort auf die Frage 1 wird in Ausführlichkeit jedoch *nur* in Lukas 21 gegeben. Für ein richtiges Verständnis ist es ganz entscheidend, nicht nur die Parallelen zwischen diesen Kapiteln zu sehen, sondern ebenso die wichtigen Unterschiede. Matthäus 24 und Markus 13 behandeln im Wesentlichen die Endzeit. In Lukas 21 werden die Endzeit *und* die damals unmittelbar bevorstehende Zerstörung Jerusalems besprochen. Lukas 21,8-11 behandelt, wie die Parallelstellen in Matthäus und Markus, die Zeichen der Endzeit. Doch der Vers 12 grenzt sich deutlich gegen die Endzeit ab. Die sprachliche Zeitmarkierung muss dort genau beachtet werden: »Vor *all diesem aber* ...«[45] Die Verse 12-19 enthalten Voraussagen, die sich für die Jünger Jesu in den Jahren 32–68 n. Chr. erfüllt haben (vgl. z. B. die Apostelgeschichte).

Jesu Prophetie in Lukas 21,20-24

Ab Vers 20 kommt Jesus auf die Zerstörung Jerusalems im Jahr 70 zu sprechen:

»*Wenn ihr aber Jerusalem von Armeelagern umgeben seht, alsdann erkennt, dass ihre Verwüstung nahe gekommen ist. Dann sollen die, die in Judäa sind, auf die Berge fliehen, und die, die in ihrer* [d. h. in Jerusalems] *Mitte sind, daraus entweichen, und die auf dem Land sind, nicht in sie hineingehen. Denn dies sind Tage der Rache, dass alles erfüllt werde, was geschrieben steht. Wehe aber den Schwangeren und Säugenden in jenen Tagen! Denn große Not wird in dem Land sein und Zorn über dieses Volk. Und sie werden fallen durch die Schärfe des Schwertes und gefangen weggeführt werden unter alle Nationen; und Jerusalem wird zertreten*

45 A. d. H.: Hervorhebung hinzugefügt.

werden von den Nationen, bis die Zeiten der Nationen erfüllt sein werden.«[46]

Zum Jüdischen Krieg (66–73 n. Chr.): »Große Not im Land«

Die Geschichte bestätigt diese präzisen Voraussagen in allen Details: Der jüdische Aufstand gegen die römische Besatzungsmacht brach 66 n. Chr. aus und wurde um 73 n. Chr. mit dem dramatischen Fall von *Massada* endgültig niedergerungen.

Es begann mit einem spontanen Volksaufstand. Die Lage war schon lange extrem gespannt. Der letzte Auslöser für den Ausbruch des Volkszorns bestand darin, dass Gessius Florus, der letzte Prokurator, der über *Judäa* herrschte, begann, den Tempelschatz in *Jerusalem* auszurauben.

Anfänglich konnten die Aufständischen großartige Erfolge verbuchen. Die Konsequenz davon war, dass Kaiser Nero Vespasian, einen seiner besten Feldherren, mit mehreren Armeen in das Aufstandsgebiet entsandte. Im Frühsommer 67 traf Vespasian, der Eroberer Britanniens, im Norden des Landes ein. Zunächst wurde *Jodphat (Jotapata)* in Galiläa von den Römern niedergerungen, danach fiel *Gush Halav* und im Spätsommer *Gamla* im Golan. Durch die Eroberung dieser wichtigen Städte kam *Galiläa* wieder unter römische Kontrolle. Als Nächstes sicherte sich Vespasian *Samaria.* In *Transjordanien* schnitt er die Verbindungsstraßen nach *Judäa* ab. Darauf zog er den Küstenstreifen hinab und eroberte *Jaffa, Javne* und *Ashdod.* Diese Ereignisse fielen alle noch ins Jahr 67.

Jerusalem umzingelt

Im Verlauf des Jahres 68 kreiste Vespasian mehr und mehr Judäa und dessen Mittelpunkt, die Stadt Jerusalem, ein. Mit Ausnahme von *Machärus* nahm er ganz Transjordanien ein sowie das west-

46 A. d. H.: Eigene Übersetzung des Autors.

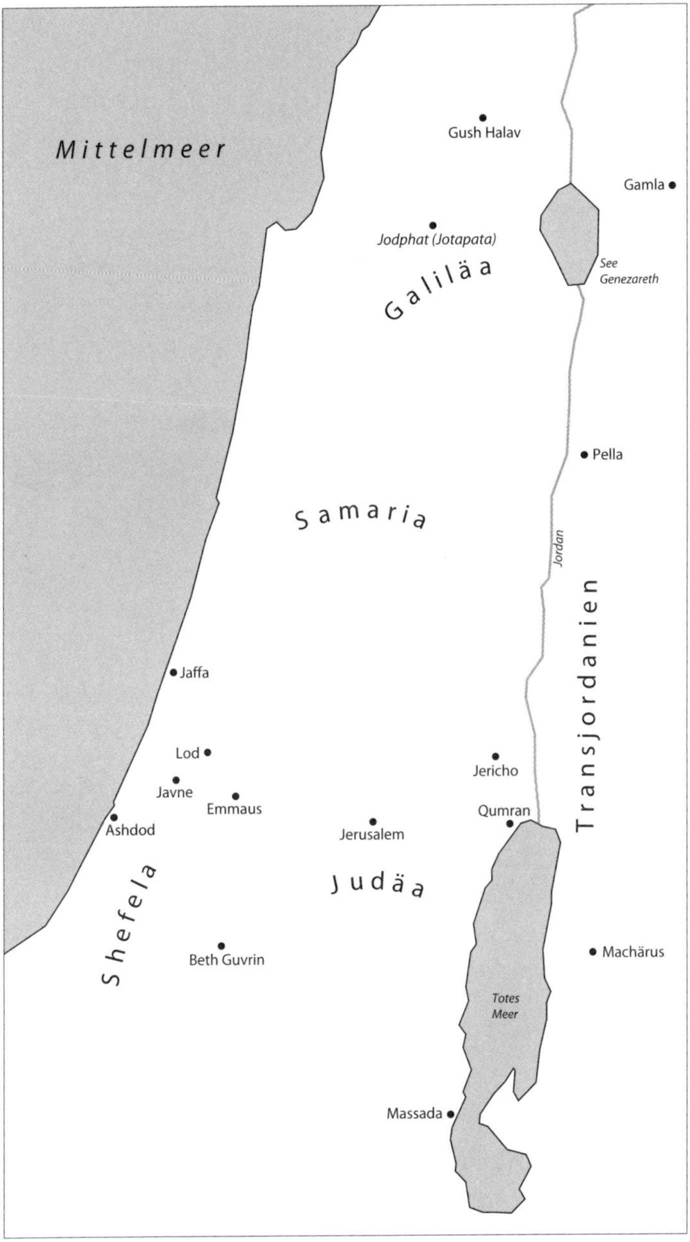

Das Land Israel zur Zeit des Jüdischen Krieges.

liche Jordanufer mit *Jericho* und *Qumran.* Im Westen eroberte er, von den Küstenstädten her kommend, die ganze *Shefela,* das Tiefland zur Küste hin. Die Städte *Lod, Emmaus* und *Beth Guvrin* fielen in römische Hände. An den Hauptausfallstraßen aus dem restlichen Gebiet Judäas wurden Posten aufgestellt, die die Juden daran hinderten, das Gebiet zu verlassen.

Die Ruinen der Qumran-Gemeinschaft. Die Römer zerstörten auch diese Siedlung im Jüdischen Krieg.

Im Sommer 68 beging Kaiser Nero Selbstmord. Es kam zu Wirren im Römischen Reich, die den Kampf gegen die Juden bremsten. Der Belagerungszustand veränderte sich kaum. Im Juli 69 wurde Vespasian von einem großen Teil des Heeres zum Kaiser ausgerufen. So verließ er das Kriegsgebiet, um nach Rom zu gehen und von dort aus seinen Anspruch auf den Thron im ganzen Reich durchzusetzen.

Flucht auf die Berge

Jerusalem war also von Armeelagern umzingelt, aber der Krieg machte keine Fortschritte mehr. Die Juden, die an Jesus als den Messias glaubten, erkannten, dass diese Situation genau dem prophetischen Wort in Lukas 21,20 entsprach. Dies führte zu einer Massenflucht der messianischen Juden aus Jerusalem und Judäa. Sie entflohen auf die Berge, die sich hauptsächlich im heutigen sogenannten Westjordanland befinden. In *Pella*, jenseits des Jordans, im Gebiet der Dekapolis, brachten sie sich in Sicherheit vor dem noch folgenden grausamen Krieg der Römer gegen die Juden. Dort wurden sie von König Agrippa II. als friedliebende Bürger beschützt.[47] Es ist von keinem einzigen messianischen Juden bekannt, dass er bei der Zerstörung Jerusalems umgekommen wäre! Der Glaube an den Messias und sein Wort rettete ihr Leben!

Es sei an dieser Stelle nochmals daran erinnert, dass der Text des Lukas-Evangeliums spätestens im Jahr 62 n. Chr. vorlag. Deshalb war die Prophetie Jesu in Kapitel 21 unter den messianischen Juden in Israel schon vor dem Krieg allgemein bekannt.

Krieg um Jerusalem

Im Juli 70 wurde Vespasian uneingeschränkter Herrscher in Rom. Bereits im Frühjahr hatte er seinem Sohn Titus den Auftrag gegeben, den Kampf gegen die Juden zu vollenden. Der Angriff auf Jerusalem erfolgte von Norden her. Als Erstes wurde die dritte Mauer durchbrochen. Dadurch konnten die Vorstädte erobert werden. Danach kam die zweite Mauer an die Reihe. Auf diese Weise gelang es, die römische Burg Antonia, die nördlich des Tempelplatzes lag, zurückzuerobern. Dieser strategisch wichtige Punkt ermöglichte die Kontrolle über den Tempelbezirk. Noch vor dem Angriff auf den Tempel kämpfte Titus um die Oberstadt, wo das heutige Jüdische Viertel liegt. Aber im Sommer des Jahres 70 war es so weit: Am 9. Av ging der Tempel in Flammen auf. Das Erstaunliche an diesem Datum ist die Tatsache, dass der Erste Tempel am selben Tag von den Babyloniern zerstört wor-

47 Vgl. Eusebius, *Kirchengeschichte* (*Historia Ecclesiae*), III.5; online abrufbar unter: http://www.unifr.ch/bkv (Stand: 4.12.2013).

den war! Der 9. Av war schon in den Jahrhunderten vor 70 n. Chr. der Trauertag um den verlorenen Tempel (vgl. Sach 7,1-7; 8,18-23; Av = der 5. Monat). So blieb dieser Tag über mehr als 2500 Jahre hinweg der Tag des Jammers über den Verlust des Tempels.

Die Verwüstung des Tempels war ein vollständiges Werk: *In mühevoller Kleinarbeit brachen die Legionäre Stein um Stein ab!* Es kam genau so, wie es in Matthäus 24,1-2 vorhergesagt worden war. Die Tatsache, dass z. B. von der westlichen Umfassungsmauer noch bis heute Überreste des Tempelbezirks geblieben sind, spricht nicht gegen die Erfüllung von Matthäus 24,1-2. Die Aussage dort ist ja nicht absolut. Sie bezieht sich ausdrücklich auf den Standpunkt der Beobachter anlässlich dieser Äußerung (vgl. *»Seht ihr nicht dies alles?«*). Von dem eigentlichen Tempelhaus und den Gebäuden in den Vorhöfen ist kaum noch irgendeine Spur geblieben. Insofern könnte die Erfüllung der Prophetie des Messias Jesus wahrlich nicht perfekter sein.

Nach der Tempelschlacht ging es den Römern darum, auch noch die letzten Widerstandsnester in der Oberstadt auszuheben. Danach konnte Jerusalem als völlig besiegt betrachtet werden.

Die Burg Antonia. Im Hintergrund befindet sich der Tempelbezirk.

Wegführung

Abertausende von Juden, Flavius Josephus spricht von 97 000, wurden als Sklaven weggeführt, um an verschiedenen Orten im Römischen Reich verkauft zu werden. Es gab so viele davon, dass es dadurch zu einem massiven Preissturz bei Sklaven kam. Schließlich überstieg das Angebot die Nachfrage.

Totalvernichtung des Staates Israel: »Zorn über dieses Volk«

Im Verlauf des Krieges mussten etwa 1 100 000 Juden ihr Leben lassen. Es dauerte aber noch drei Jahre, bis die letzten Festungen Machärus und Massada eingenommen werden konnten.

Der Felsen Massada, auf dem sich der jüdische Widerstand bis zum Jahr 73 halten konnte.

»Jerusalem zertreten«

Das leidvolle Los der Geschichte Jerusalems vom 1. bis zum 20. Jahrhundert hatte der Messias Jesus mit trefflicher Genauigkeit vorausgesagt (Lk 21,24):

»... und Jerusalem wird ... zertreten werden, bis die Zeiten der Nationen erfüllt sind.«

Der Ausdruck »die Zeiten der Nationen« bezeichnet die Periode, in der die Weltreiche der Menschen die Macht innehaben (vgl. Dan 2 und 7). Diese Herrschaften werden durch das Reich Gottes, durch die Friedensherrschaft des Messias in der Endzeit, abgelöst werden. Jesus sagte also voraus (wie wir in Übereinstimmung mit Daniel 9 noch sehen werden), *dass Jerusalem bis in die Endzeit von nichtjüdischen Nationen beherrscht, gedemütigt und zertreten werden sollte.*

Mit Lukas 21,24 gelangen wir wieder in die Endzeit. Ab 21,25 wird wieder an die bereits in den Versen 8-11 besprochene Zeit angeknüpft.

Jesaja 8,14-15

Zwischen der Verwerfung Jesu als Messias und der Zerstörung Jerusalems besteht offensichtlich ein enger Zusammenhang. In diesem Kontext sei noch auf eine besondere Prophetie im Buch Jesaja (8. Jh. v. Chr.) aufmerksam gemacht, in der dieser Zusammenhang besonders deutlich sichtbar wird. Der Messias wird in dieser Stelle als »Stein des Anstoßes« bezeichnet. Dass es sich hier um den Messias handelt, geht übrigens auch aus dem Talmud hervor (*Babylonischer Talmud*, Sanhedrin 38a)!

Jesaja 8,14-15 lautet wie folgt: »*Und er wird zum Heiligtum sein, aber zum Stein des Anstoßes und zum Fels des Strauchelns den beiden Häusern Israels, zur Schlinge und zum Fallstrick den Bewohnern von Jerusalem. Und viele unter ihnen werden straucheln und fallen und werden zerschmettert und verstrickt und gefangen werden.*«

Die Masse des jüdischen Volkes hatte an Jesus von Nazareth Anstoß genommen, und dadurch kam die Katastrophe der Jahre 66–73.

Das Verhängnis des Tempels

Die Belagerung Jerusalems im Jahr 70 hatte genau am Tag des Passahfestes ihren Anfang genommen (14. Nisan). Juden aus dem ganzen Land (und auch von weiter her, aus der Diaspora) waren in gewaltigen Mengen zu diesem Fest nach Jerusalem zusammengekommen. Deshalb war die Stadt zu diesem Zeitpunkt, nach Angaben des Historikers Flavius Josephus, mit ca. 3 Millionen Menschen zum Bersten voll. Die Passahlämmer durften ja nur im Tempel beim Altar geschlachtet werden (5Mo 16,2.5-6), deshalb konzentrierten sich die Menschenmassen in Jerusalem. Doch diesmal erwies sich der Altar in Jerusalems Tempel als ein katastrophales Verhängnis. Dies wurde in Psalm 69 von König David vorausgesagt.

Die Verse 2-22 beschreiben die Leiden des Messias am Kreuz.[48] Er wird dort als Sündenträger gesehen, der fremde Schuld zu seiner eigenen gemacht hat (69,5-6). In Verbindung mit der Erfüllung dieses Psalms in Jesus von Nazareth ist besonders der Vers 22 sehr bekannt (vgl. Mt 27,34).

In den Versen 22-37 beschreibt David das Gericht wegen der Ablehnung des Messias, aber auch die letztendliche Befreiung und Erlösung des jüdischen Volkes. In Verbindung mit unserem Thema möchte ich insbesondere auf den Vers 23 verweisen:

»Es werde zur Schlinge vor ihnen ihr Tisch, und ihnen, den Sorglosen, zum Fallstrick« (UELB).

Der Ausdruck »Tisch« ist eine Bezeichnung für den Altar (vgl. Mal 1,7.12; Hes 44,16). Der König David sagte voraus, dass der Altar im Tempel seinem Volk, das sich dort sorglos ver-

48 Es scheint, dass in der rabbinischen Literatur Psalm 69,22 messianisch verstanden wurde (vgl. Midrash Ruth Rabbah 5 zu Rt 2,14).
Vgl. ferner die messianische Auslegung dieses Psalms im NT: Johannes 15,25 (zu Vers 5); Johannes 2,17 und Römer 15,3 (zu Vers 10); Römer 11,9-10 (zu Vers 23-24); Apostelgeschichte 1,20 (zu Vers 26).

sammeln würde, sich als Fallstrick erweisen sollte. Genau so ist es gekommen. Titus nahm das Passahfest zum Anlass, um fast 3 Millionen Menschen in Jerusalem einzuschließen. Mehr als eine halbe Million starb den Hungertod, wie wir wissen. In der letzten Phase des Krieges zwängten sich gewaltige Menschenmassen in die Tempelgebäude, wo sie sich Sicherheit erhofften. Aber der Krieg erreichte seinen Höhepunkt in der blutigen Tempelschlacht, in der Tausende und Abertausende in grausamen Nahkämpfen und durch die Brände den Tod fanden.

Man kann sich keine Vorstellung machen bezüglich der Desillusion, die durch die Zerstörung des Tempels über das jüdische Volk gekommen war. Es war, wie wenn man dem Judentum das Herz herausgerissen hätte.

Übrigens: Etwa ein Drittel der Gebote in der Thora stehen in Verbindung mit der Existenz des Tempels. Durch den Verlust desselben vor bald 2000 Jahren konnte von da an bis heute etwa ein Drittel der Gebote des Gesetzes Moses im Judentum gar nicht mehr praktiziert werden![49]

Der kommende Fürst

Wir kommen nach diesen Exkursen wieder auf Daniel 9 zurück. Die Erwähnung des »Volkes des kommenden Fürsten« verdient unsere größere Aufmerksamkeit:

Die Erfüllung hat gezeigt, dass sich dieser Ausdruck auf das *römische Volk* bezieht. *Die Römer* haben Jerusalem und den Tempel zerstört. Wer ist aber »der kommende Fürst«?

Wie schon oben ausgeführt, handelt es sich hier nicht um den Messias, der in Vers 25 ja auch »Fürst« genannt wird. Der Unterschied wird sprachlich durch den Zusatz »der kommende« bzw.

49 *The Temple Institute, Guide to the Treasures of the Temple*, S. 3.

»der zukünftige« verdeutlicht. Nicht »der kommende Fürst« hatte Jerusalem im Jahr 70 zerstört – es war lediglich *sein Volk,* das die Prophetie Daniels erfüllte. Vom Jahr 70 aus gesehen, war dieser Fürst noch zukünftig. Um wen handelt es sich bei dieser geheimnisvollen Person? Eines ist im Zusammenhang mit der Identifizierung dieser Person klar: Es handelt sich um einen Herrscher, der aus dem Römischen Reich hervorgehen sollte. Wir werden noch sehen, dass er aus diesem Reich in seiner letzten Phase hervorgehen wird. Dieser römische Fürst ist identisch mit dem in Daniel 7,7-12.19-27 beschriebenen Herrscher (»das kleine Horn«), dessen Erfüllung noch bevorsteht.

Wie kommt man zu dieser Identifizierung? Der bestimmte Artikel (»*der* kommende Fürst«) weist darauf hin, dass es sich um einen bereits bekannten Mann handelt. Das vierte Tier in Daniel 7 symbolisiert das Römische Reich.[50] Der letzte große Herrscher dieses Reiches wird während 3½ Jahren die jüdische Religionsausübung behindern (7,25).[51] Dies stimmt genau überein mit der Tätigkeit des »kommenden Fürsten« in Daniel 9,27!

In meinem Buch *Das neue Europa – Hoffnung oder Illusion?* habe ich ausführlich dargelegt, dass die biblische Prophetie aufzeigt, dass a) das Römische Reich in einer neuen Form wiedererstehen wird und dass b) das neue Europa schon heute genau

---

50 Vgl. *Liebi, Das neue Europa – Hoffnung oder Illusion?*, S. 27-29; *Liebi, Weltgeschichte im Visier des Propheten Daniel*, S. 55-66.

51 Der mit »Zeit und Zeiten und eine halbe Zeit« übersetzte aramäische Ausdruck »iddan, iddanin [bzw. ›iddanajin‹] uphlag iddan« in Daniel 7,25 bezeichnet eine Periode von 3½ Jahren.
Das Wort »iddan« bedeutet sowohl »Zeit« als auch »Jahr«. Die von den Masoreten als »iddanin« (= »Jahre«; Pluralform) vokalisierten Konsonanten des Grundtextes (Daniel schrieb ja nur Konsonanten und keine Vokale) sollten korrekter als »iddanajin« (= »Doppeljahr«; Dualform) ausgesprochen werden (vgl. *Gesenius/Buhl, Hebräisches und aramäisches Handwörterbuch über das Alte Testament*, S. 918-919, und Anmerkung b in der *Biblia Hebraica Stuttgartensia* zu Dan 7,25).
Unter Berücksichtigung dieser philologischen Hinweise ergibt sich für Daniel 7,25 folgende Übersetzung: »ein Jahr, zwei Jahre und ein halbes Jahr«, was so viel wie 3½ Jahre bedeutet.

auf dieses Ziel hinsteuert. Aus diesem Reich wird schließlich ein Diktator hervorgehen, der die Prophetie über den »kommenden Fürsten« erfüllen wird.

Im Text von Daniel 9 nimmt der Vers 27 erneut Bezug auf diesen »kommenden Fürsten«. Der Ausdruck »*Und er wird einen festen Bund [...] schließen ...*« bezieht sich wieder auf ihn.

Diese Hinweise mögen für den Moment genügen. Wir kommen später detaillierter auf diesen Vers zu sprechen.

»... bis ans Ende ...«

Wegen der Ermordung des Messias wurden Jerusalem und der Tempel im Jahr 70 verwüstet. Gemäß Daniel 9,26 war dies jedoch nur der Anfang einer langen Serie von Leiden: »*Und das Volk des kommenden Fürsten wird die Stadt und das Heiligtum zerstören, und das Ende davon wird durch die überströmende Flut sein; und bis ans Ende: Krieg, Festbeschlossenes von Verwüstungen.*«

Mit Beginn im Jahr 70 sollten »Krieg« und »Verwüstungen« über Jerusalem kommen, »bis ans Ende«. Der Ausdruck »Ende« (hebr. »qetz«) ist in der biblischen Prophetie ein Fachausdruck, der in verschiedenen Variationen vorkommt und auf die sogenannte »*Endzeit*« hinweist.[52] Die Endzeit steht in der Bibel in

52 Vgl. *Koehler/Baumgartner, Hebräisches und aramäisches Lexikon zum Alten Testament*, III, S. 1044-1045.
Man beachte folgende Stellen mit diversen Redewendungen in Verbindung mit dem Wort »qetz«:
Daniel 12,13: »qetz« = »Ende«; Daniel 8,17; 11,35.40; 12,4.9: »eth qetz« = »Zeit des Endes«; Daniel 8,19: »mo'ed qetz«: »bestimmte Zeit des Endes«; Daniel 2,28; 12,13: »qetz hajamim« = »Ende der Tage«.
In diesem Zusammenhang verweise ich noch auf weitere Ausdrücke, die ungefähr synonym sind: Hesekiel 38,8: »acharith hashanim« = »Ende der Jahre«; Hesekiel 38,16: »acharith hajamim« = »Ende der Tage«; 2. Timotheus 3,1: »en eschatais hemerais« = »in den letzten Tagen«; 1. Johannes 2,18: »eschate hora« = »(die) letzte Stunde«; Judas 18: »ep'eschatou tou chronou« = »am Ende der Zeit«.

Die Neugründung des Staates Israel nach fast 2000 Jahren weist unsere Epoche als die biblische »Endzeit« aus.

Verbindung mit der Wiederherstellung des Staates Israel, der Rückführung der Juden aus der weltweiten Zerstreuung und dem Wiederaufblühen des Landes Israel nach einer langen Zeit der Verwüstung (vgl. z. B. Hes 38,8).

Wir sind heute Augenzeugen davon, wie Juden aus allen fünf Kontinenten, aus über 140 Ländern, zurückgekehrt sind und wie aus einem öden und wüsten Land das blühende Territorium des modernen Staates Israel geworden ist. *Also muss der Begriff »Endzeit« offensichtlich etwas mit unserer Zeit, mit dem 20. bzw. 21. Jahrhundert, zu tun haben!*

Im Blick auf Jerusalem hat dies Folgendes zu bedeuten: Da sich die Serie von »Kriegen« und »Verwüstungen« seit dem Jahr 70 bis in die »Endzeit« erstrecken soll, sind wir somit in der Zeit angelangt, in der dem Leiden Jerusalems ein Ende gesetzt werden soll. Mit anderen Worten: *Die Erlösung Jerusalems ist nahe gekommen!*

Die »überströmende Flut«

Der Abschluss der langen Leidensgeschichte Jerusalems soll »durch die überströmende Flut« kommen:

»... das Ende davon wird durch die überströmende Flut sein ...«

Was bedeutet dieser Ausdruck? In Daniel 11,40-45 wird auch über die Endzeit gesprochen (vgl. 11,40: *»Und zur Zeit des Endes …«*). Der Prophet beschreibt dort eine fürchterliche Invasion des »Königs des Nordens«, wodurch das Land Israel völlig überrannt und verwüstet werden soll. Dieser militärisch katastrophale Schlag gegen Israel wird in diesen Versen bildlich als eine *Überschwemmung* beschrieben (11,40):

»… er wird in die Länder eindringen und wird sie überschwemmen und überfluten.«

Die endzeitliche »überströmende Flut« aus Daniel 9,26 lässt sich mühelos mit der verwüstenden Überflutung Israels durch den »König des Nordens« in Verbindung bringen. Diese »überströmende Flut« ist ferner mit dem »Verwüster« identisch, der gemäß Daniel 9,27 während der 70. Jahrwoche Daniels »Vernichtung« und »Festbeschlossenes« *»ausgießen«* wird.

Der König des Nordens

Jetzt stellt sich aber noch die Frage: Wer ist »der König des Nordens«? In meinem Buch *Weltgeschichte im Visier des Propheten Daniel* habe ich gezeigt, dass die Weissagung aus Daniel 11,1-35 sich in der Vergangenheit bereits wortwörtlich erfüllt hat.[53] Es handelt sich um über 150 detaillierte Voraussagen. In diesen Versen kommt der Ausdruck »der König des Nordens« oft vor. In der erfüllten Prophetie war er immer eine Bezeichnung für *»Syrien«*.

Jetzt wird manches klarer: Syrien wird in der Endzeit Jerusalem in einem massiven militärischen Feldzug erobern. Doch dies wird das *Ende* der langen Leidensgeschichte Jerusalems seit dem Jahr 70 markieren. Auf dieses Ereignis hin wird die end-

53 *Liebi, Weltgeschichte im Visier des Propheten Daniel*, S. 79-107.

gültige Befreiung und Erlösung dieser von Blut und Tränen gezeichneten Stadt folgen.

Von diesem letzten Angriff Syriens auf Jerusalem werden wir weiter hinten noch ausführlicher sprechen.

Bis in die Endzeit: Krieg und Verwüstung

Wie schon erwähnt, sollte seit dem Jahr 70 bis heute über Jerusalem eine Kette von Unheil kommen, »Krieg« und »Festbeschlossenes von Verwüstungen«. Der Ausdruck »Festbeschlossenes von Verwüstungen« heißt hier etwa so viel wie »unabwendbare Verwüstungen, die in Gottes Plan mit Jerusalem fest verankert sind«.

Im Folgenden gebe ich eine Auflistung der wichtigsten geschichtlichen Ereignisse, die die Erfüllung dieser Prophetie Daniels dokumentieren:

70	Zerstörung Jerusalems durch die Römer: Mehr als 1 000 000 Juden kommen dabei ums Leben.
132–135	Jüdische Revolte gegen die Römer, erbitterter Kampf um Jerusalem unter der Führung Bar Kochbas
135	Erneute Zerstörung Jerusalems durch die Römer; der Tempelplatz wird gepflügt (vgl. Mi 3,12). Durch die Kriegshandlungen verlieren etwa 580 000 Juden ihr Leben, an den Folgen des Krieges (Hunger und Seuchen) sterben wohl nochmals so viele.
614	Perser verwüsten Jerusalem
629	Byzanz erobert Jerusalem zurück
638	Eroberung durch die muslimischen Araber, ca. 685–691: Bau der Omar-Moschee auf dem Tempelplatz, um 705–750: Errichtung der Al-Aksa-Moschee

um 1070 Eroberung durch die Türken

1099 Eroberung durch die Kreuzfahrer

1187 Eroberung durch Sultan Saladin

1244 Eroberung durch die Tataren

1516/17 Eroberung durch das Osmanische Reich (Türken)

1917 Eroberung durch die Briten während des Ersten Weltkrieges

1948 Unabhängigkeitskrieg: Einen Tag nach der Gründung des Staates Israel greifen sieben arabische Armeen bzw. Kontingente an, Westjerusalem wird durch Israel verteidigt.

1948 Ostjerusalem wird durch Jordanien erobert. (Nach dem Plan der UNO hätte die ganze Stadt internationalisiert werden sollen.) In der weiteren Zeit wird Ostjerusalem massiv geschändet (systematische Verwüstung des Jüdischen Viertels, mehr als 50 Synagogen werden zerstört oder zu Ställen bzw. »Toiletten« umfunktioniert, 38 000 Grabsteine am Ölberg werden herausgerissen oder zerbrochen). Der Zugang zur Klagemauer ist für Juden während der folgenden 19 Jahre verboten.

1967 Sechs-Tage-Krieg: Israel erobert Ostjerusalem mit dem Tempelberg.

1990 In der Zeit der Golfkrise kommt es zu blutigen Ausschreitungen am Tempelberg.

Kapitel 6
Jerusalem ohne Opfer

Ankündigung in der Thora

Es gibt viele weitere Stellen in der Heiligen Schrift, in denen die Zeit ab dem Jahr 70 prophetisch beschrieben worden ist. Besonders sei an dieser Stelle auf einen Text von Mose hingewiesen, der noch aus der Zeit der Wüstenwanderung Israels stammt (1605 v. Chr.).[54] In 3. Mose 26,31-33 wurde vorausgesagt, was geschehen würde, wenn Israel Gott gegenüber in Ungehorsam verfallen würde:

»Und ich werde eure Städte zur Einöde machen und eure Heiligtümer verwüsten und werde euren lieblichen Geruch nicht riechen. Und ich werde das Land verwüsten, dass eure Feinde, die darin wohnen, sich darüber entsetzen sollen. Euch aber werde ich unter die Nationen zerstreuen, und ich werde das Schwert ziehen hinter euch her; und euer Land wird eine Wüste sein und eure Städte eine Einöde.«

Dies sind klare und unzweideutige Aussagen. Es folgt eine kurze Auflistung der geschichtlichen Tatsachen, mit denen die Erfüllung dokumentiert werden kann:

- Die Römer haben in den beiden Jüdischen Kriegen (66 – 73 und 132 – 135 n. Chr.) über 1000 Städte, Dörfer und Festungen in Israel verwüstet.[55]

---

54 Zur Echtheit der fünf Bücher Mose vgl. *Külling, Zur Datierung der »Genesis-P-Stücke«*; *Archer, Einleitung in das Alte Testament*, Bd. I.

55 *Krupp, Die Geschichte der Juden im Land Israel*, S. 54. Krupp zitiert an dieser Stelle aus: Cassius Dio, *Historia Romana*, LXIX.14.3.

- Die Heiligtümer des Tempels in Jerusalem wurden im Jahr 70 zertrümmert.
- Das Land Israel, das einst von »Milch und Honig« floss, sank in den Jahrhunderten nach dem Jahr 70 immer mehr zur Wüste ab, bis es schließlich ein gebrochenes, ödes Land ohne Hoffnung wurde.[56]
- Die Juden wurden infolge der Ereignisse des Jahres 70 in einem lange andauernden geschichtlichen Prozess wortwörtlich in alle Welt zerstreut.
- Die Zeit der jüdischen Diaspora auf allen fünf Kontinenten der Welt war erfüllt von dauernden Verfolgungen, grausamen Unterdrückungen und unbeschreiblichen Massakern. In den Jahren ab 70 n. Chr. bis heute verloren etwa 13 Millionen Juden ihr Leben. Was die Nazis im 20. Jahrhundert angerichtet haben, war die schändlichste Krone einer Kette von Judenverfolgungen durch *alle* Jahrhunderte hindurch.[57]
- Der Ausdruck »euren lieblichen Geruch [werde ich] nicht riechen« bedeutete, dass Gott die Opfer im Judentum nicht mehr akzeptieren würde. Der Begriff »lieblicher Geruch« (hebr. »reach nichoach«) steht in der Bibel für die Wohlgefälligkeit der Opfer im Tempel (vgl. 3Mo 1,9.13.17 usw.). Gottes Ablehnung der Tieropfer in Jerusalem hat sich in der Geschichte auf überwältigende Art gezeigt:

  Seit fast 2000 Jahren hat man im Judentum keinen Tempel mehr. Da die Opfer nur im Tempel in Jerusalem dargebracht werden können, hatte dieser Umstand zur Folge, dass das Judentum seit dem Jahr 70 durch Abwesenheit von Tieropfern gekennzeichnet ist.

---

56 *Negev, Funde und Schätze im Land der Bibel*, S. 33 und 36-37.

57 Vgl. *Liebi, Israel und das Schicksal des Irak*, S. 25-27, und die dort angegebenen Literaturhinweise.

Viele Tage ohne Schlachtopfer

In diesem Zusammenhang muss unbedingt auf eine Voraussage aus dem Buch des Propheten Hosea (8. Jh. v. Chr.) hingewiesen werden. In Kapitel 3,4-5 heißt es:

»Denn die Söhne Israels werden viele Tage ohne König bleiben und ohne Fürsten und ohne Schlachtopfer und ohne Bildsäule und ohne Ephod und Teraphim. Danach werden die Söhne Israels umkehren und den Ewigen, ihren Gott, und David, ihren König, suchen; und sie werden sich zitternd wenden zu dem Ewigen und zu seiner Güte am Ende der Tage.«[58]

In dieser Stelle finden sich verschiedene aufregende Aussagen:

- Israel sollte lange Zeit kein Staat mehr sein (»viele Tage ohne König […] und ohne Fürsten«). Im Jahr 70 wurde der Staat Israel von den Römern zerschlagen. Im Jahr 1948 wurde er wieder neu errichtet. Es gab zwar noch Zeiten mit

Verfolgte Juden.

58 A. d. H.: Eigene Übersetzung des Autors.

einer gewissen jüdischen Autonomieverwaltung.[59] Dennoch muss man sagen, dass die Geschichte Israels in den vergangenen zwei Jahrtausenden wesentlich von dem Bild des staatenlosen, geächteten und verfolgten, von Land zu Land und von Ghetto zu Ghetto wandernden Juden geprägt war.

- Die Zeit seit dem Jahr 70 bis heute ist durch das Fehlen des Tempels und der damit verbundenen Opfer im Judentum charakterisiert (»viele Tage [...] ohne Schlachtopfer«).
- Mit der Zerstörung Jerusalems im Jahr 70 ging auch das Hohepriesteramt unter. Der Ausdruck *»ohne Ephod«* weist darauf hin. Beim Ephod handelte es sich um ein herrlich kunstvolles, schürzenartiges Kleidungsstück des Hohenpriesters. An den Schulterstücken desselben waren in Gold gefasste Onyxsteine befestigt, auf denen die Namen der zwölf Stämme Israels, je sechs und sechs, eingraviert waren (vgl. 2Mo 28,5-14). Bis heute hat das Judentum immer noch keinen Hohenpriester. Das wichtigste Amt in Verbindung mit den Opferriten fehlt seit über 1900 Jahren, d.h. seit

---

59 Hier die wichtigsten Beispiele:
Kurze Zeit nach dem Zusammenbruch des Staates Israel im Jahr 70 konstituierte sich der Sanhedrin (das Synedrium), der oberste jüdische Gerichtshof, in Javne (Jamnia) wieder neu unter Jochanan Ben Zakkai (*Brierre-Narbonne, Exégèse talmoudique des prophéties messianiques*, S. 13).
Mit der Bar-Kochba-Revolte gab es wieder ein nationales Aufleben, aber nur für drei Jahre. Die Vernichtung der Staatlichkeit Israels um 135 besiegelte die Geschehnisse des Jahres 70.
Ab 140 hatten die im Land Israel verbliebenen Juden unter römischer und byzantinischer Oberhoheit allerdings ein halb autonomes jüdisches Patriarchat. Doch um 429 hob Theodosius II. diese Institution auf. Dies war ein schwerer Schlag für das Judentum im eigenen Land. Zu diesem Zeitpunkt verlor das Weltjudentum seine einheitliche Führung (*Krupp, Die Geschichte der Juden im Land Israel*, S. 56-68).
Unter islamischer Herrschaft gab es noch bis etwa ins 13. Jahrhundert zeitweise das Amt des Gaonen, wodurch der im Land verbliebenen jüdischen Bevölkerung (vgl. dazu die hochinteressante Prophetie in Jes 6,11-13) wieder eine gewisse Autonomie zugestanden wurde (*Krupp, Die Geschichte der Juden im Land Israel*, S. 87-97).
Erst 1948 wurde Israel wieder ein Staat. Inzwischen verflossen wirklich »viele Tage ohne König ... und ohne Fürsten«.

weit mehr als 700 000 Tagen. Es ist genau so, wie Hosea es geweissagt hat: »Viele Tage […] ohne Ephod« – und das, obwohl im Judentum seit dem Jahr 70 bis heute ununterbrochen um die Wiederherstellung des Tempels mit dem Opferkult und dem Priesterdienst gebetet wird!

- Sollte das von Hosea angekündigte Fehlen eines biblischen Opfer- und Priesterdienstes unter dem Volk Israel bedeuten, dass die Juden während dieser langen staatenlosen Zeit etwa durch Götzenanbetung gekennzeichnet sein würden, so wie dies in alttestamentlichen Zeiten immer und immer wieder der Fall war? Nein! Der Prophet sagte ja, dass Israel zugleich auch *»viele Tage ohne […] Bildsäule* [= Götzenbilder] ... *und Teraphim* [= Hausgötzen für den Ahnenkult]« sein würde. Das Judentum hat jahrhundertelang während seines Exils entschieden gegen Götzenverehrung

Der Hohepriester in seiner prächtigen Amtskleidung (Modell).

gekämpft, ganz im Sinn der ersten beiden Gebote der Thora (2Mo 20,1-6). Man hat im Judentum deshalb auch stets eine tiefe Abscheu vor dem Götzendienst gehabt, wie er sich in einer degenerierten Christenheit z. B. durch Marien- und Heiligenverehrung breitgemacht hat.

- In der Endzeit (»am Ende der Tage«) soll jedoch die große Wende kommen: Israel wird zu dem Ewigen umkehren. Das jüdische Volk wird nach dem Messias fragen. (Der Ausdruck »David, ihr König« wird im Judentum mit vollem Recht als Bezeichnung für den Messias verstanden.[60])

Mich persönlich berührt diese Aussage in Hosea 3,5 zutiefst:

Wenn Israel erst in der Endzeit beginnen wird, zu Gott umzukehren und sich nach dem Messias auszurichten, dann muss man doch daraus schließen, *dass das Verhältnis dieses Volkes zu Gott und zum Messias in der Zeit davor offensichtlich nicht in Ordnung war!* Diese Feststellung beinhaltet große Konsequenzen!

Weshalb keine Opfer mehr?

Warum kennt das Judentum schon seit so langer Zeit keine Opfer mehr? Der Lauf der Geschichte stand dem jüdischen Sehnen nach dem verlorenen Tempel mit eigentümlicher Hartnäckigkeit entgegen.

Die römisch-byzantinische Periode (1.–7. Jh.)

Die römisch-byzantinische Periode dauerte vom 1. bis zum 7. Jahrhundert. Die Römer und die Byzantiner waren im Allgemeinen massive Gegner eines Wiederaufbaus des Tempels.

60 Vgl. den rabbinischen Kommentar »Metzudath David« zu Hosea 3, und zwar in: *Miqra'oth Gdoloth.*

Kaiser Hadrian ließ nach der Niederschlagung der Bar-Kochba-Revolte sogar einen Götzentempel zu Ehren des römischen Hauptgottes Jupiter auf dem Berg Morija errichten! Damit wollte er das jüdische Volk brüskieren und andererseits deutlich machen, dass der Tempelbezirk auf dem Morija nun absolut nichts mehr mit dem Judentum zu tun habe.

Unter byzantinischer Herrschaft (ab 395 n. Chr.) wurden die römischen Götzentempel in Jerusalem verwüstet. Dafür wurden viele Kirchen errichtet. Der Berg Morija wurde aber bewusst als eine Trümmerstätte belassen. Die Ruinen sollten dem Betrachter gewissermaßen wie ein Denkmal beständig den Untergang des Tempels im Jahr 70 vor Augen halten. Später wurde der frühere Ort des jüdischen Gottesdienstes sogar mit Mist und sonstigem Unrat überhäuft. Auf diese schändliche Weise sollte dieser Ort, nach Ansicht der Byzantiner, den Untergang des Judentums noch anschaulicher symbolisieren.

Die islamische Periode (inkl. Kreuzfahrerzeit [7. – 20. Jh.])

Im 7. Jahrhundert begann die islamische Periode Jerusalems. Die Moslems wurden auf dem Tempelplatz aktiv. Der Schutt und Mist wurde entfernt. In den Jahren 685 – 691 ließ Abd el-Malik die Omar-Moschee erbauen. Sie wurde bewusst als architektonisches Glanzstück konzipiert, um alle anderen religiösen Bauten in Jerusalem in den Schatten zu stellen. Unter Abd el-Malik oder unter seinem Sohn Ibn Abd el-Malik (Anfang des 8. Jh.) wurde die Al-Aksa-Moschee errichtet. Die Muslime haben nicht im Traum daran gedacht, den Tempelplatz je zu räumen, um so dem jüdischen Volk die Gelegenheit zu geben, ihren Tempel aufzubauen und den Opferdienst wieder einzurichten. Dies hat sich bis heute selbstverständlich nicht geändert.

Dies sind die äußeren geschichtlichen Faktoren für die Tatsache, dass das Judentum seit fast 2000 Jahren gezwungen war, eine Religion ohne Tempel und ohne Opfer zu sein.

Bemühungen zum Wiederaufbau des Tempels

In den letzten 2000 Jahren gab es im Judentum immer wieder Anstrengungen, einen neuen Tempel zu errichten. Die wichtigsten Unternehmungen in diese Richtung seien nachfolgend kurz skizziert:

Unter Kaiser Hadrian

Der erste Versuch fand bereits kurze Zeit nach der Zerstörung des Zweiten Tempels statt. Dem rabbinischen Buch »Bereshith Rabbah« 42 entnehmen wir folgende Überlieferung:

Kaiser Hadrian gab den Juden vor dem Bar-Kochba-Aufstand die Erlaubnis, den Tempel wiederaufzubauen. Während die Vorbereitungen dazu in Gang gekommen waren, mahnten die Samaritaner den Kaiser, dass der Wiederaufbau des Tempels zu einer Rebellion der Juden führen würde. Hadrian fragte sie, was er ihrer Meinung nach tun solle, da er das Dekret dazu bereits erlassen habe. Die Samaritaner, die das Judentum und seine Gesetze gut kannten, rieten dem Kaiser, einen Erlass herauszugeben, worin angeordnet werde, dass der Standort des Tempels gegenüber dem früheren Tempel ein wenig verschoben oder dass der Tempel in den Maßen etwas anders errichtet werden müsse.

Hadrian gab einen solchen Befehl heraus. Der erwartete Effekt blieb nicht aus. Dies führte unweigerlich dazu, dass die Juden von selbst von diesem Projekt wieder abkamen. Sie versammelten sich im Beith-Rimmon-Tal, um dort über dieses Schicksal zu weinen und zu wehklagen.[61]

Unter Bar Kochba

Der Bar-Kochba-Aufstand um 132 visierte als wesentliches Ziel den Wiederaufbau des Tempels an. Aufgrund der jüdischen und

61 Vgl. »Bereshith Rabbah« 64, *Ariel, The Odyssey of the Third Temple*, S. 68.

römischen Quellen, die wir besitzen, ist es nicht klar, wie weit diesem Projekt ein anfänglicher Erfolg beschieden war.[62] Der Aufstand wurde aber bekanntlich bereits drei Jahre später von den Römern unter Kaiser Hadrian unbeschreiblich brutal niedergeschlagen. Damit wurde die anfängliche Hoffnung auf den Tempel wieder vernichtet.

Unter Kaiser Julianus

Um 363 gab der römische Kaiser Flavius Claudius Julianus, bekannt als »der Abtrünnige«, den Juden die Erlaubnis zum Wiederaufbau des Tempels. Er war ein Neffe des 337 verstorbenen Kaisers Konstantin, der das Christentum zur Staatsreligion erklärt hatte. Julianus war aber ein entschiedener Feind des Christentums. Er verfolgte das Ziel, das Heidentum im Reich wieder zu unterstützen. Es scheint, dass er sich durch die zusätzliche Förderung des Judentums erhoffte, den Einfluss des Christentums unterbinden zu können.

Es kam zu groß angelegten Bauvorbereitungen. Unzählige Juden strömten zum Wiederaufbau des Tempels nach Jerusalem. Doch als man am 20. Mai 363 mit den Bauarbeiten zur Grundlegung der Fundamente begann, kam es, gemäß der geschichtlichen Überlieferung, zu einem massiven Erdbeben. Wohl ausgelöst durch die gewaltigen Erschütterungen, wurden Gase aus dem Erdinnern freigesetzt, die zu einer massiven Explosion führten. Viele Bauarbeiter verloren dadurch ihr Leben.

Dies versetzte der damaligen Tempelbewegung einen massiven Rückschlag. Hinzu kam, dass Julianus schon kurz nach diesem Ereignis auf seinem Feldzug gegen die Perser nach nur 18 Monaten Regierungszeit ums Leben kam. Ein neuer Herrscher kam an die Macht, der die Absichten seines Vorgängers verwarf.

---

62 *Ariel, The Odyssey of the Third Temple*, S. 69.

So wurde wieder einer kurzen Hoffnungszeit in Bezug auf die Wiedereinführung der Opfer ein jähes Ende gesetzt.[63]

Unter den Persern

Am Anfang des 7. Jahrhunderts gelang es den Persern, dem Byzantinischen Reich empfindliche Schläge zu versetzen. Nach großen Gebietseroberungen drangen sie um 614 in Jerusalem ein, richteten ein schreckliches Blutbad an und zerstörten zahlreiche Kirchen.

Die Juden hatten den Perserkönig Chosroes II. in seinem Feldzug unterstützt. Als Dank dafür überließen die Perser ihnen die Aufsicht über Jerusalem. Der König setzte einen Juden namens Nehemia als Verwalter ein. Dies führte zu einer Euphorie im Blick auf einen möglichen Tempelbau: Waren es nicht die *Perser,* die einst die Erlaubnis gegeben hatten, den Zweiten Tempel zu bauen? Kam es nicht unter einem *Nehemia* zum Wiederaufbau und zur jüdischen Verwaltung Jerusalems?

Nach wohl nicht mehr als drei Jahren gab es jedoch einen völlig unerwarteten Umschwung. Die Perser setzten der jüdischen Verwaltung Jerusalems ein jähes Ende. Dies hatte sogar die gewaltsame Vertreibung der Juden aus der Stadt zur Folge.

Bereits um 629 ging das persische Intermezzo ganz zu Ende: Dem byzantinischen Kaiser gelang es, die Stadt Jerusalem wieder zurückzuerobern.[64]

Die Tempelbewegung aus Frankreich

Im 12.–14. Jahrhundert gab es in Frankreich eine neue Bewegung, die den Bau des Dritten Tempels im Auge hatte. Verschiedene große Rabbiner, wie z.B. Shlomo Ben Jitzchaq, Jechiel

---

63 *Ice/Price, Ready to Rebuild*, S. 30-32 und 80-81.

64 *Hartmann-v. Monakow, Von Mauern und Gärten. Geschichten und Bilder rund um Jerusalem*, S. 13.

von Paris und Ashtori Haparchi, erörterten praktische und theoretische Fragen im Zusammenhang mit diesem Projekt. In dieser Zeit kamen Hunderte von jüdischen Gelehrten aus Frankreich ins Land der Väter, um den neuen Tempel vorzubereiten. Aber wegen Verfolgungen und Unterdrückungen ging schließlich auch diese Bewegung wieder zugrunde.[65]

Versuche aus der jüngeren Vergangenheit

In der Neuzeit formierte sich, begünstigt durch die in vielen europäischen Ländern gewonnenen Freiheiten für Juden, wieder eine neue Bewegung zum Aufbau des Tempels. Viele berühmte Rabbiner begannen, Veröffentlichungen über eine jüdische Wiederbesiedlung des Landes Israel und über den Wiederaufbau des Tempels zu schreiben. Eine führende Persönlichkeit in dieser Bewegung war Rabbi Zvi Hirsh Kalisher (1795–1874). Er schrieb dem größten jüdischen Philanthropen seiner Zeit, Baron Asher Anshil Rothschild, einen bedeutenden Brief, in dem er ihn bat, das ganze Heilige Land – es war zu der Zeit ein unwirtliches, abstoßendes und verwüstetes Gebiet – für eine immense Summe Geldes von Ibrahim Pasha, dem König von Ägypten, abzukaufen. Falls dies nicht möglich sein sollte, so schränkte er seine Bitte ein, dann möge er doch Jerusalem mitsamt dem Tempelberg, oder wenigstens den Tempelberg und seine Umgebung, erwerben. Kalisher erklärte diesem in aller Welt wegen seines politischen Einflusses geachteten Mann ferner, dass die Wiedererrichtung des Tempels und die Einführung des Priesterdienstes zu einer Masseneinwanderung der Juden aus aller Welt ins Land der Väter führen würden.[66] Aber auch all diese Anstrengungen erreichten wieder nicht das erhoffte und so ersehnte Ziel. Die Zeit für den Dritten Tempel war noch nicht reif.

---

65 *Ariel, The Odyssey of the Third Temple*, S. 69-70.
66 *Ariel, The Odyssey of the Third Temple*, S. 70-71.

1948 kam es zur Gründung des modernen Staates Israel. Der Tempelberg in Ostjerusalem gehörte allerdings damals noch nicht zum jüdischen Hoheitsgebiet. Dies änderte sich erst mit dem Sechs-Tage-Krieg (1967). In einer sagenhaften Operation eroberte

Im Sechs-Tage-Krieg wurde der Tempelberg in einer dramatischen Aktion durch Fallschirmjäger-Einheiten erobert.

die »Zahal«, die israelische Streitkraft, die Altstadt von Jerusalem und damit auch den Tempelberg wieder zurück.

Doch in einem diplomatischen Akt, der den Zorn der Muslime etwas beschwichtigen sollte, unterstellte der israelische Verteidigungsminister, General Moshe Dajan, kurz nach dem Krieg den Tempelberg der islamischen Verwaltung des Wakf[67].

General Moshe Dajan zur Zeit des Sechs-Tage-Krieges.

67 Der Begriff »Wakf« bezeichnet die von Jordanien finanzierte islamische Organisation, die mit Erlaubnis des Staates Israel den Tempelberg in Jerusalem verwalten darf.

Dennoch, seit 1967 ist der Morija wieder in den Händen des jüdischen Volkes! Dies hat zu einem erneuten Aufleben der Hoffnung auf den Dritten Tempel geführt. Verschiedene Gruppierungen haben sich formiert, die sich heute ernsthaft um dieses Projekt bemühen. Aber bis zum heutigen Tag ist Israel immer noch ohne den Tempel und damit auch »ohne Schlachtopfer«.

Die zwei Perioden der Geschichte Israels

Wir haben nun die geschichtlichen Faktoren, die sich gegen den Wiederaufbau des jüdischen Tempels in Jerusalem gestellt haben, vor Augen. Zudem haben wir gesehen, wie man im Judentum immer und immer wieder um die Wiederherstellung des Tempels mühevoll gekämpft und heiß dafür gebetet hat. Allerdings: Es hat nie Frucht gebracht. Man stellt sich die Frage: Warum? Das Ganze ist, gelinde ausgedrückt, doch eine höchst sonderbare und merkwürdige Tatsache!

In den bisherigen Ausführungen habe ich versucht, dem Leser in etwa einen Überblick über mehr als 3600 Jahre israelische Geschichte zu geben, angefangen beim Aufenthalt Israels in Ägypten bis in unsere Zeit. Was wir nun feststellen können, ist Folgendes: In Verbindung mit dem Opferdienst, der für die jüdische Religion von zentraler Bedeutung ist, kann die Geschichte Israels aus naheliegenden Gründen in zwei Perioden eingeteilt werden:

1. *Die Zeit der stellvertretenden Opfer:*
   von Mose (ca. 1606 v. Chr.) bis zur Zerstörung Jerusalems im Jahr 70 n. Chr.
2. *Die Zeit ohne stellvertretende Opfer:*
   von 70 n. Chr. bis heute

Der große Wendepunkt in der jüdischen Geschichte

Die erste Periode mit den Opfern erstreckte sich über einen Zeitraum von *fast 1700 Jahren.*

Die zweite Periode dauert nun schon *mehr als 1900 Jahre.* Daraus wird ersichtlich, dass die Geschichte des jüdischen Volkes im 1. Jahrhundert n. Chr. einen fundamentalen Wendepunkt erlebt hat. Woran liegt das? *Irgendwie muss im 1. Jahrhundert unserer Zeitrechnung etwas ganz Entscheidendes geschehen sein!*

Joma 39b

Auf der Suche nach den Ursachen dieses Wendepunktes in der jüdischen Geschichte erweist sich eine brisante Stelle im *Babylonischen Talmud*[68] als überaus hilfreich. Im Traktat Joma 39b heißt es:

»Unsere Meister [hebr. ›Rabbanim‹] lehrten: Vierzig Jahre lang vor der Zerstörung des Hauses kam das Los nicht in die Rechte, noch wurde der rot gefärbte Stoffstreifen [d. h. die Wollschnur] weiß ...«[69]

Diese Zeilen mögen auf Anhieb etwas mysteriös klingen. Der Talmud ist ohne Hintergrundinformationen an sich sehr schwer zu verstehen. Hier einige klärende Bemerkungen:

Die größte und bedeutendste Opferzeremonie im Judentum fand alljährlich am »Jom Kippur«, am »Großen Versöhnungstag«, statt (vgl. 3Mo 16). Am 10. Tishri (im September/Oktober) muss-

---

68 Der Talmud (= »Lehre«) wurde in der Zeit vom 2. bis zum 6. Jahrhundert n. Chr. schriftlich fixiert. Er enthält aber Material, das weit bis in vorchristliche Zeit zurückgeht.
Der Talmud zerfällt in zwei Teile: 1. die Mischna (= »Wiederholung des Gesetzes«); 2. die Gemara (= »Vollendung«). Die Mischna ist eine Sammlung von 4187 Lehrsätzen, die von Rabbi Jehuda im 2. Jahrhundert gesammelt und aufgeschrieben worden sind. Die Gemara ist eine Kollektion von rabbinischen Diskussionen über die Mischna.
Der Talmud existiert in zwei verschiedenen Redaktionen: 1. der Babylonische Talmud; 2. der Jerusalemer Talmud. Der *Babylonische Talmud* ist viel wichtiger als der zuletzt genannte. Er ist das grundlegendste theologische Werk des nachbiblischen Judentums.

69 Zitiert nach: *Mayer, Der Babylonische Talmud*, S. 158.

Talmudseite: Joma 39b.

ten zwei Ziegenböcke zur Vergebung der gesamten Schuld des Volkes Israel im jeweils vergangenen Jahr geopfert werden:

Der Hohepriester musste zur bildlichen Identifikation mit dem einen unschuldigen Opfertier die Hände auf dessen Kopf legen und dabei die Schuld Israels namentlich bekennen. Anschließend wurde der Bock in die Wüste gejagt, damit er so Israels Sünde auf Nimmerwiedersehen in die Einöde wegtrage (3Mo 16,21-22).

Den anderen Bock musste der Hohepriester schlachten. Das Gesetz schrieb vor, dass das Blut anschließend ins Allerheiligste getragen werden musste, wo der Hohepriester es siebenmal in der Gegenwart des Ewigen zur Sühnung der Sünden sprengen musste (3Mo 16,15-17).

Entscheidung durch Lose

Welcher der beiden Böcke sollte in die Wüste gejagt und welcher auf dem Tempelareal geschlachtet werden? Das war eine sehr wichtige Frage. Die Entscheidung musste nach Anweisung der Thora durch Lose gefällt werden (3Mo 16,7-10).

Aus der Zeit des Zweiten Tempels weiß man genau, wie dies gemacht wurde: In einem feierlichen Ritual zog der Hohepriester mit beiden Händen je eines der aus Gold gefertigten Lose[70] aus einer Urne und legte sie auf die Köpfe der Ziegenböcke, die vor ihm standen – eines rechts und eines links. Danach wurden die Lose aufgeklappt. Auf dem einen stand »ladonai« (= »für den HERRN«), auf dem anderen »la'azazel« (= »für den Bock, der weggeht«).[71] Der Bock für den Herrn wurde geschlachtet, der Azazel in die Wüste gejagt.

Wenn das Los »für den HERRN« in die rechte Hand kam, so verstand man dies im Judentum als Hinweis darauf, dass Gott bereit war, Israels Schuld zu vergeben. Kam es jedoch in die linke Hand, so wusste man, dass ein Hinderungsgrund vorlag und Gott nicht vergeben konnte.[72]

Keine Vergebung!

Zurück zu unserer oben angeführten Talmudstelle: Die Rabbanim (damit sind die besonders bedeutenden Rabbiner gemeint) haben gelehrt, dass das Los am Versöhnungstag in den vierzig Jahren vor der Zerstörung des Tempels nie mehr in die rechte

70 Zur Zeit des Ersten Tempels bestanden diese Lose aus Holz. In der Periode des Zweiten Tempels verwendete man aus Gold gefertigte Lose (*Ariel, The Odyssey of the Third Temple*, S. 124).

71 Über die Bedeutung des Wortes »azazel« ist viel spekuliert worden. Die naheliegendste Bedeutung ergibt sich folgendermaßen: Die ersten beiden Konsonanten (Ajin und Zajin) ergeben das Wort »Bock«, die drei folgenden (Aleph, Zajin und Lamed) bilden zusammen eine Verbalwurzel mit der Bedeutung »er geht weg« (vgl. *Davidson, Analytical Hebrew and Chaldee Lexicon*, S. 593). Somit bedeutet »azazel« schlicht »der Bock, der weggeht«.

72 Vgl. *Mayer, Der Babylonische Talmud*, S. 158, Anmerkung 443.

Hand gekommen war. (Die Wahrscheinlichkeit dafür beträgt $1:2^{40}$ und ist somit geringer als 1:1 000 000 000 000!) Dies bedeutete für sie unmissverständlich: *Gott hat die Opfer für Israel ab dem Jahr 30 nicht mehr angenommen!*

Die rot gefärbte Wollschnur

Aus dem Talmud geht hervor, dass man, zumindest zur Zeit des Zweiten Tempels, dem Sündenbock jeweils eine rot gefärbte Wollschnur um die Hörner band. Darauf wurde der Bock zum Ölberg hinausgeführt. Von dort aus wurde er in die Wüste hinausgejagt, und zwar so, dass er über eine Klippe abstürzte. Dann geschah immer wieder etwas Erstaunliches: Die rot gefärbte Wollschnur wechselte als Zeichen der Vergebung für Israels Schuld ihre Farbe und wurde weiß.[73]

Die Symbolik dieses Wunders[74] verstand man gut wegen der bekannten Aussage im Propheten Jesaja (8. Jh. v. Chr.), wo Gott zu den Bewohnern von *Jerusalem* spricht:

»*Wenn eure Sünden wie Scharlach sind, wie Schnee sollen sie weiß werden; wenn sie rot sind wie Karmesin, wie Wolle* [d. h. wie weiße Wolle] *sollen sie werden*« (Jes 1,18).

Mit »Scharlach« bzw. »Karmesin« ist eine Farbe gemeint, die in ihrer Tönung dem arteriellen Blut sehr nahekommt. In dieser Jesaja-Stelle zeigt Gott den Bewohnern von Jerusalem das Wunder der Vergebung auf: *Es gibt keine Sünde, die Gott nicht vergeben*

73 Vgl. *Mayer, Der Babylonische Talmud*, S. 158, Anmerkung 444.

74 Manche Leser mag das Wunder mit der roten Wollschnur etwas eigentümlich anmuten. Man bedenke in diesem Zusammenhang jedoch, was die Bibel im Allgemeinen über das Thema »Wunder« zu sagen hat (vgl. z. B. Ps 72,18) und was sie im Speziellen über bestimmte wunderbare Gnadenerweisungen und Zeugnisse Gottes gegenüber Israel im 1. Jahrhundert n. Chr. berichtet (Joh 5,1ff.; Mt 3,16-17; 27,45.51-54; Joh 12,28-30).

könnte. Sogar wenn es sich um Blutschuld handeln würde – Gott ist bereit, sie dem aufrichtig Reuigen zu vergeben!

Blutschuld – und keine Vergebung!

Wir kommen auf Joma 39b zurück. *Ab dem Jahr 30 bis zum Jahr 70 blieb die rot gefärbte Wollschnur des Sündenbockes rot – rot wie Blut!* Im Judentum wusste man, was dies zu bedeuten hatte: *Auf uns lastet Sünde, und Gott vergibt nicht!*

Das Jahr 30 fällt in die Zeit, in der Jesus von Nazareth in Israel als Rabbi umherreiste (29 – 32 n. Chr.) und in den Synagogen und unter freiem Himmel die Frohe Botschaft vom Königreich Gottes verkündigte (vgl. die historischen Berichte der Evangelien). Schon

Dem Sündenbock wurde zur Zeit des Zweiten Tempels eine rot gefärbte Wollschnur um die Hörner gebunden.

früh erfuhr Jesus aber massive Ablehnung, besonders von führenden Leuten im Volk, von Rabbinern und Priestern. Pläne, ihn aus der Welt zu schaffen, wurden schon früh geschmiedet (vgl. z. B. Mk 3,6). Ab dieser Zeit wurde die Wollschnur nicht mehr weiß. Im Frühjahr des Jahres 32 wurde Jesus von Nazareth vor den Stadtmauern Jerusalems durch die Römer gekreuzigt. Zuvor hatte eine von den führenden Priestern und Schriftgelehrten aufgepeitschte Volksmenge in Jerusalem den Kreuzigungstod Jesu gefordert. Matthäus, ein jüdischer Zeitgenosse, berichtet sogar, dass die Volksmenge vor Pilatus die Verantwortung dafür mit schockierenden Worten übernommen hatte:

»Sein Blut komme über uns und über unsere Kinder« (Mt 27,25)!

Joels Ankündigung der Vergebung

Gemäß dem Zeugnis der Rabbiner im 1. Jahrhundert blieb die Wollschnur in den weiteren Jahren am Versöhnungstag immer rot, und wie wir wissen, kamen die Opfer im Jahr 70 zum Stillstand. Die Zeit der fehlenden Opfer hält auch heute noch an. Gibt es keine Hoffnung auf eine *nationale* Vergebung? Doch, es gibt sie!

Im Buch des Propheten Joel wird ausführlich über die Endzeit gesprochen. Er beschreibt, wie es durch Sündenbekenntnis, verbunden mit reuiger Umkehr (Joe 2,12-17; 3,5), für das jüdische Volk und für Jerusalem zu einer Wende kommen wird. Der letzte Vers im Buch Joel ist in unserem Zusammenhang höchst bemerkenswert:

»Und ich werde sie [d.h. die Juden] *von ihrem Blut reinigen, von dem ich sie nicht gereinigt hatte. Und der Ewige wird in Zion wohnen.«*

Das Babylonische Exil im Vergleich zur weltweiten Diaspora

Wir haben gesehen, dass die Tötung des Messias im 1. Jahrhundert unserer Zeitrechnung der Geschichte des jüdischen Volkes einen einschneidenden Wendepunkt gebracht hat.

Der *massive Götzendienst* des jüdischen Volkes in vorexilischer Zeit war eine schwere Verschuldung gegen Gott. Dies führte zur

Verwüstung des Tempels und zur Wegführung der Juden *nach Babylon.* Doch bereits *einige Jahrzehnte* danach konnten sie ins Land der Väter zurückkehren, den Tempel wiederaufbauen und den Opferdienst erneut aufnehmen.

Anders war es im Jahr 70: Es kam zu einer *weltweiten* Zerstreuung des jüdischen Volkes, mitsamt dem Verlust des Tempels und der Opfer während *mehr als 1900 Jahren.* Dies deutet doch an, dass im 1. Jahrhundert n. Chr. in Israel etwas geschehen sein muss, was vor Gott überaus schwer wog: *die Ablehnung des verheißenen Erlösers!*

Zur Frage der Verantwortung

Es stellt sich hier folgende Frage: Die Kreuzigung Jesu wurde vor Pilatus von einer durch führende Priester und Schriftgelehrten aufgehetzten Volksmenge in Jerusalem gefordert. Inwiefern können Menschen, die damals nicht dort waren bzw. zu der Zeit noch gar nicht lebten (man denke an die späteren Generationen bis heute), Mitverantwortung an der Ablehnung des Messias Jesus tragen?

Ich versuche, eine Antwort zu geben: Jeder Mensch, der mit der Botschaft und dem Messias-Anspruch Jesu konfrontiert wird, muss dazu irgendwie Stellung nehmen. Entweder lehnt er Jesus Christus als Erlöser ab, oder aber er entscheidet sich dafür, ihn persönlich als Retter anzunehmen. Diese Stellung muss in jeder Generation neu und von jedem einzelnen Menschen persönlich bezogen werden, er sei Jude oder Nichtjude. Die Ablehnung oder Annahme Jesu ist somit nicht auf die kurze Zeit im 1. Jahrhundert begrenzt. Jeder Mensch, in welcher Generation auch immer, trägt für sich selbst die Verantwortung gegenüber dem von Gott gesandten Messias Jesus.

Kapitel 7
Jerusalem und das Opfer des Messias

Die Erfüllung der Tieropfer im Tod des Messias

Es gibt noch einen weiteren wesentlichen Grund für das Aufhören der Opfer im Tempel in Jerusalem, den ich bisher noch nicht erwähnt habe:

Der Prophet Jesaja hatte um 720 v.Chr. in »prophetischer Vergangenheitsform«[75] angekündigt, dass der Messias wie ein Opfertier als Stellvertreter für sündige Menschen sterben würde (Jes 52,13–53,12). *Damit sollten die Tieropfer Israels, die nur symbolische Bedeutung hatten, in dem Opfertod des Messias ihre Erfüllung finden!* Daraus folgt ein wichtiges Prinzip: *Die Erfüllung ist wichtiger und erhabener als das Symbolische.*

Jesaja 53 in der rabbinischen Literatur

Die eben erwähnte Jesaja-Stelle wurde übrigens von den alten Rabbinern allgemein messianisch gedeutet,[76] sogar im *Babylonischen Talmud* (Sanhedrin 98b). Rabbi Alshekh aus Safed schrieb im 16. Jahrhundert über Jesaja 53: »Unsere alten Rabbiner haben

---

75 Vgl. *Gesenius/Kautzsch/Bergsträsser, Hebräische Grammatik*, S. 323, Erklärung zum Gebrauch des hebräischen Perfekts: »Zum Ausdruck *zukünftiger* Handlungen, sofern solche durch eine ausdrückliche Versicherung des Redenden als abgemacht oder so gut wie vollzogen hingestellt werden sollen: [...] Am häufigsten findet sich dieser Gebrauch des Perfekts in der prophetischen Rede (sog. *Perf. propheticum*); der Prophet versetzt sich so lebhaft in die Zukunft, dass er das Zukünftige als ein bereits von ihm Geschautes oder Gehörtes beschreibt ...«

76 Vgl. ferner: Pesikta (Traktat Abkath Rokel), Rabboth (zu Rt 2,12); Targum Jonathan (Jes 52,13); Midrash Tanchuma usw.

auf das Zeugnis der Tradition hin angenommen, dass hier die Rede vom König Messias sei. Daraus nehmen auch wir, ihnen folgend, an, dass für das Subjekt dieser Weissagung David, das ist der Messias, gehalten werden müsse, wie dies offenbar ist.«[77]

In israelischen Schulbüchern kann man die Erklärung finden, dass sich die Leiden in Jesaja 53 auf das Volk Israel beziehen (»der Knecht des Ewigen« = »Israel«). Diese Auffassung steht jedoch der allgemeinen Auslegungstradition der alten Rabbiner entgegen. Ferner widerspricht sie dem Text selbst: »Der Knecht des Ewigen« wird in Jesaja 53 deutlich vom Volk Israel *unterschieden* (53,8 am Schluss), er kann daher unmöglich mit demselben identifiziert werden!

Jesaja in Qumran

Niemand kann sagen, diese Stelle in Jesaja sei vielleicht später, gewissermaßen »nach der Erfüllung«, geschrieben worden: Die 1947 in Qumran am Toten Meer gefundene vollständige Jesaja-Rolle enthält diesen Abschnitt auch. Diese Rolle ist eine Abschrift, die auf etwa 125 *v. Chr.* datiert werden muss.[78]

Zur Bedeutung von Jesaja 53 in vorchristlicher Zeit

Mich persönlich bewegt im Zusammenhang mit Jesaja 53 u. a. Folgendes: Offensichtlich konnte man als Israelit zur Zeit des Alten Testaments verstehen, dass die Tieropfer im Prinzip nichts anderes waren als Hinweise auf das damals noch künftige Opfer

77 *Meister, Die Erfüllung der messianischen Verheißung des Alten Testamentes durch Jesus von Nazareth,* S. 13.

78 Vgl. die Veröffentlichung dieser Rolle in: *Trever, Scrolls from Qumran Cave I.*

Höhlen von Qumran.

Einige Zeilen aus der vollständigen Jesaja-Rolle von Qumran (ca. 100 v. Chr.).

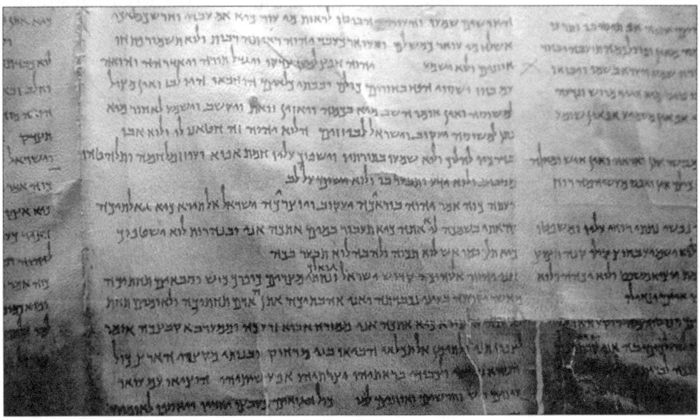

des Messias, das wirklich (und nicht nur symbolisch) Sünde und Schuld vor Gott wegnehmen kann.

In Jesaja 53 heißt es: »… *um unserer Übertretungen willen war er verwundet, um unserer Ungerechtigkeiten willen zerschlagen. Die Strafe zu unserem Frieden lag auf ihm, und durch seine Striemen ist uns Heilung geworden. Wir alle irrten umher wie Schafe, wir wand-*

ten uns jeder auf seinen Weg; und der Ewige hat ihn treffen lassen unser aller Ungerechtigkeit. – Er wurde misshandelt, aber er beugte sich und tat seinen Mund nicht auf, wie ein Lamm, das zur Schlachtung geführt wird. […] Doch dem Ewigen gefiel es, ihn zu zerschlagen, er hat ihn leiden lassen. Wenn seine Seele das Schuldopfer gestellt haben wird, so wird er Samen sehen, er wird seine Tage verlängern [d.h. er wird wieder leben!]. *[…] Durch seine Erkenntnis wird mein gerechter Knecht die Vielen gerecht machen,*[79] *und ihre Ungerechtigkeiten wird er auf sich laden«* (Jes 53,5-7.10-11).

Man beachte insbesondere in dem zitierten Text die Ausdrücke »wie ein Lamm« und »Schuldopfer« (hebr. »asham«; vgl. 3Mo 5,6).

Das blutige Opfer des Messias in Jerusalem war also der Höhepunkt der ersten Hälfte der Geschichte Israels. All die Tieropfer der Periode ab Mose (und natürlich auch diejenigen davor) wiesen gewissermaßen mit ausgestrecktem flammendem Finger auf das Opfer des Messias Jesus am Kreuz von Golgatha hin.

Sobald man erkennt, dass das Opfer von Jesus Christus die Erfüllung ist, versteht man auch, dass die Tieropfer seit dem 1. Jahrhundert gar nicht mehr nötig sind. *Die Tatsache, dass die Opfer vierzig Jahre vor der Zerstörung Jerusalems nicht mehr angenommen wurden und danach sogar ganz wegfielen, passt in ein absolut stimmiges Gesamtbild hinein.*

Das ein für alle Mal dargebrachte Opfer

Der Hebräerbrief im Neuen Testament wurde wenige Jahre vor der Zerstörung Jerusalems verfasst.[80] In diesem Rundschreiben wurde der Gegensatz zwischen dem damals noch auf vollen Tou-

79 A.d.H.: Vgl. Fußnote in der Elb 2003.

80 Vgl. *Liebi, Paulusbriefe neu bestätigt*, S. 458.

ren laufenden Opferdienst in Jerusalem und dem ein für alle Mal dargebrachten Opfer des Messias Jesus herausgestrichen:

»Doch in jenen Opfern ist alljährlich ein Erinnern an die Sünden; denn unmöglich kann Blut von Stieren und Böcken Sünden wegnehmen. […] Und jeder Priester steht täglich da, verrichtet den Dienst und bringt oft dieselben Schlachtopfer dar, die niemals Sünden wegnehmen können. ER[81] *aber* [d.i. der Herr Jesus Christus], *nachdem er* ein *Schlachtopfer für Sünden dargebracht hat, hat sich auf immerdar gesetzt zur Rechten Gottes* [vgl. Ps 110,1]. *[…] Denn mit* einem *Opfer hat er auf immerdar die vollkommen gemacht, die geheiligt werden«* (Hebr 10,3-4.11-14).

Das Opfer des Messias im Fokus der Weltgeschichte

Wir können nun eine wichtige Schlussfolgerung ziehen: Gott wollte dem jüdischen Volk (und wie wir noch sehen werden, auch allen anderen Völkern) durch die Wegnahme des Tempels und der Tieropfer in Jerusalem zeigen, dass das eigentliche und wahre Opfer schon dargebracht worden ist. Die erste Periode mit den Opfern wies hin auf das kommende Opfer, die zweite Periode ohne Opfer weist zurück auf das bereits vollbrachte Opfer. Im Brennpunkt dieser beiden Perioden der Geschichte Israels befindet sich das Opfer Jesu am Kreuz von Golgatha.

Messianische Juden

Zehntausende von Juden erkannten im 1. Jahrhundert in Jesus von Nazareth den verheißenen Erlöser (vgl. Apg 21,20).[82] Durch das Bekenntnis ihrer Sünden konnten sie sofort Vergebung von

81 A. d. H.: Hervorhebung hinzugefügt.

82 Der griechische Ausdruck »myriades« in Apostelgeschichte 21,20 bedeutet wörtlich »Zehntausende«.

Gott bekommen. Durch ihre persönliche Inanspruchnahme des stellvertretenden Opfers des Herrn Jesus bekamen sie Frieden mit Gott (Röm 5,1), ganz gemäß der Aussage in Jesaja 53,5: *»Die Strafe zu unserem Frieden* [hebr. ›shalom‹] *lag auf ihm …«* Sie brauchten nicht erst auf den in Joel 4,21 angekündigten Zeitpunkt der *nationalen* Vergebung Israels zu warten.

Jerusalem, die »Stadt des Friedens«, erwies sich ihnen als eine echte Chance für den Frieden. Diese Chance beruhte auf dem messianischen Opfer, das außerhalb der Stadt, in unmittelbarer Nähe zum Tempelbezirk, dargebracht worden war. Unzählige aus dem jüdischen Volk, unter ihnen auch Priester, Rabbiner und Mitglieder des obersten Gerichtshofes (Sanhedrin bzw. Synedrium), nahmen diese Chance wahr.[83]

Durch alle Jahrhunderte hindurch bis heute haben Juden in Jesus Christus ihren Messias erkannt. Heute gibt es etwa 350 000 messianische Juden. Gewisse Schätzungen gehen noch über diese Zahl hinaus.[84] Im Vergleich zum gesamten jüdischen Volk handelte es sich bei diesen messianischen Juden immer um eine Minderheit, einen »Überrest« (vgl. Röm 11,5-10).

Israel ist nicht verstoßen

Seit der Kreuzigung Jesu haben sich viele gefragt, ob Gott das jüdische Volk verstoßen habe. Unzählige haben diese Frage mit einem klaren Ja beantwortet. Aber man fragt sich manchmal, wie solche Leute das Neue Testament gelesen haben! Paulus schrieb doch um 57 n.Chr. im Römerbrief so unmissverständlich (11,1-2a):

83 Vgl. z.B. Lukas 23,50; Johannes 3,1.10 in Verbindung mit 19,39; Apostelgeschichte 6,7; 18,24-28; Galater 1,13-15 usw.

84 http://fr.wikipedia.org/wiki/Juda%C3%AFsme_messianique (Stand: 7.10.2021); http://christianity.about.com/od/messianicjewishmovement/a/What-Is-Messianic-Judaism.htm (Stand: 7.10.2021).

»Ich sage nun: Hat Gott etwa sein Volk verstoßen? Niemals! Denn auch ich *bin ein Israelit, aus dem Samen Abrahams, vom Stamm Benjamin. Gott hat sein Volk nicht verstoßen, das er zuvor erkannt hat.«*[85]

Im Blick auf die Masse des Volkes schrieb Paulus ferner (Röm 11,11.25-26):

»... durch ihren Fehltritt ist das Heil zu den Heidenvölkern gekommen. [...] Denn ich will nicht, Brüder, dass euch dieses Geheimnis unbekannt sei, damit ihr nicht euch selbst für klug haltet: Israel ist zum Teil Verblendung widerfahren, bis die Vollzahl der Heidenvölker eingegangen sein wird; und also wird ganz Israel gerettet werden, wie geschrieben steht: ›Es wird aus Zion der Erretter kommen, er wird die Gottlosigkeiten von Jakob abwenden‹ [vgl. Jes 59,20-21] ...«

In Römer 9–11 zeigt der messianische Jude Paulus,

1. dass Israel nicht verstoßen ist (11,1-2),
2. dass Israel als Nation jedoch für eine Periode beiseitegestellt worden ist (11,16ff.),
3. dass eine jüdische Minderheit, ein »Überrest« in dieser Zeit dennoch das Heil im Messias Jesus findet (11,2-7),
4. dass der größere Teil Israels für den Messias in dieser Zeit blind ist (11,8-10.25),[86]
5. dass in dieser Zeit den Heidenvölkern in aller Welt die Rettung und Versöhnung mit Gott angeboten wird (11,11.15),
6. dass Gott eine bestimmte Anzahl von Menschen aus den nichtjüdischen Völkern aller Welt zuvor erkannt hat, dass sie das Heil in Christus annehmen würden. Sobald diese »Vollzahl« (11,25) beieinander ist, wird Israel *als Nation* wieder voll auf den Plan kommen (11,22ff.).

85 A. d. H.: Eigene Übersetzung des Autors (so auch im Folgenden).

86 Vgl. dazu folgende prophetische Hinweise: Psalm 69,24; Jesaja 6,9-13; 8,16; 29,10.

Die große Chance für die Heidenvölker

Die Masse des jüdischen Volkes hat durch die Ablehnung Jesu als Messias einen falschen Schritt getan. Doch dies hat den anderen Völkern eine gewaltige Möglichkeit für ihre Rettung eröffnet.

Vom 1. Jahrhundert an bis heute ist die Botschaft der Bibel, die Friedensbotschaft des Messias, in alle fünf Kontinente hinausgetragen worden.

Diese weltweite messianische Verkündigung nahm in *Jerusalem, der Stadt des Friedens,* ihren Anfang. Das Verkündigungsprogramm in vier Punkten, das der Messias seinen Anhängern auftrug, findet sich in Apostelgeschichte 1,8 wie folgt umschrieben:

»Ihr werdet Kraft empfangen, wenn der Heilige Geist auf euch herabkommt; und ihr werdet meine Zeugen sein, sowohl [1.] *in Jerusalem als auch* [2.] *in ganz Judäa und* [3.] *Samaria und* [4.] *bis an das Ende der Erde.«*

Die Frohe Botschaft von der Erlösung durch den Herrn Jesus ist bis zu entlegensten Stämmen vorgedrungen. Übersetzungen der Bibel, oder wenigstens von Bibelteilen, liegen heute in über 2800 verschiedenen Sprachen vor. Biblische Botschaften werden auf Tonträgern (Schallplatten und Kassetten) in ca. 5000 Sprachen und Dialekten verbreitet.

Jesaja 52,15 hat sich in den vergangenen zwei Jahrtausenden auf wunderbare Weise erfüllt:

»… ebenso wird er [d. i. der leidende Messias] *viele Nationen in Staunen setzen, über ihn werden Könige ihren Mund verschließen. Denn sie werden sehen, was ihnen nicht erzählt worden war; und was sie nicht gehört hatten, werden sie wahrnehmen.«*

In Jesaja 49,6 spricht Gott zum Messias: *»Es ist zu gering, dass du mein Knecht seist, um die Stämme Jakobs aufzurichten und die Bewahrten von Israel zurückzubringen. Ich habe dich auch zum Licht der Nationen gesetzt, um meine Rettung zu sein bis an das Ende der Erde.«*

Unzählige Menschen aus den Heidenvölkern haben in den vergangenen fast 2000 Jahren die Botschaft des gekreuzigten und am dritten Tag auferstandenen Messias angenommen. Die Friedensbotschaft aus Jerusalem hat das Leben von Millionen völlig verändert, sodass sie begannen, in der Gemeinschaft mit Gott sich nach den Maßstäben der Bibel auszurichten.

Zum Problem der Namens-Christenheit

Leider haben auch viele Millionen von Menschen die Frohe Botschaft nur äußerlich übernommen, ohne dass ihr Leben wirklich mit dem Schöpfer-Gott ins Reine gekommen wäre. Dies hat sehr viel zur Degenerierung des christlichen Zeugnisses während der letzten zwei Jahrtausende beigetragen (bis es total entstellt wurde und zum Zerrbild geworden ist): Vermischung von Gläubigen mit Ungläubigen, Institutionalisierung von Kirchen, Klerikalismus, Spaltungen, Götzendienst unter christlichem Deckmantel, kirchliches Streben nach politischer Macht und massiver Missbrauch derselben, blutige Verfolgungen Andersdenkender, Verbreitung von Irrlehren, Zersetzung durch Bibelkritik usw. Doch dies alles ändert nichts an der Tatsache, dass es durch alle Jahrhunderte hindurch glaubwürdige Zeugen für die Frohe Botschaft des Heils gegeben hat!

Christentum im biblischen Sinn

Der Ausdruck »Christ« bzw. »Christen« wird im Neuen Testament dreimal verwendet (Apg 11,26; 26,28 und 1Petr 4,16).[87] Die-

87 Der entsprechende griechische Ausdruck im Grundtext des Neuen Testaments lautet »christianos« (= Singular) bzw. »christianoi« (= Plural).

ser Begriff ist von »Christos«, dem griechischen Wort für »Messias«, abgeleitet. »Christen« sind demnach messianisch-gläubige Menschen – Leute, die ihr Vertrauen auf den verheißenen Erlöser Jesus gesetzt haben.

Das Neue Testament zeigt auf, dass alle Menschen, die in dieser Zwischenzeit, in der Israel beiseitegesetzt ist, die Frohe Botschaft von der Versöhnung mit Gott durch Jesus Christus wirklich angenommen haben und dadurch erneuert worden sind, zusammen *»die Versammlung* [oder Gemeinde] *des lebendigen Gottes«* (1Tim 3,15) bilden. Wer sich mit einem christlichen Bekenntnis begnügt, gehört nicht dazu.

Der neutestamentliche Begriff »ekklesia«, der mit »Versammlung«, »Gemeinde« oder »Kirche« übersetzt werden kann, meint etwas, das im Neuen Testament wiederholt als »Geheimnis« bezeichnet wird (Eph 3,4-6).[88] Es geht dabei um einen göttlichen Plan, der im Alten Testament nie geoffenbart worden war, sondern erst jetzt, in dieser heilsgeschichtlichen Zwischenzeit seit dem Ersten Kommen des Messias, sowohl mitgeteilt als auch verwirklicht worden ist. Dieser Plan wurde gemäß Epheser 1,4 und 3,11 schon vor Erschaffung der Welt gefasst, aber erst jetzt, d. h. seit dem Pfingstereignis (Apg 2) im Jahr 32, das unmittelbar auf den Kreuzestod und die Auferstehung des Messias folgte, verwirklicht.

In der Versammlung Gottes sind messianisch-gläubige Menschen aus dem jüdischen Volk und aus den heidnischen Völkern zu einer Einheit zusammengefügt worden (Eph 2,11ff.). Die Versammlung Gottes ist aber *weder jüdisch noch heidnisch* (Gal 3,27-28). Sie ist etwas völlig Einzigartiges: Menschen sind hier untereinander und mit dem Messias zu »einem Leib« zusammengefügt (1Kor 12,12ff.; vgl. auch Kol 1,18).

---

88 Vgl. die zahlreichen Stellen in den Briefen, die über dieses Geheimnis in seinen verschiedensten Aspekten sprechen. Hier einige Beispiele: Römer 11,25-27; 1. Korinther 2; 15,51ff.; Epheser 1,9ff.; 2,11 – 3,21; 5,21-33; 6,19-20; Kolosser 1,25-26; 1. Timotheus 3,9; 3,16; siehe auch 2. Thessalonicher 2,5ff.

Das Neue Testament beschreibt sie ferner als einen Tempel Gottes (1Kor 3,16; 2Kor 6,16), in dem jeder Einzelne ein »lebendiger Stein« ist (1Petr 2,5). In dieser geistlichen Behausung Gottes ist Jesus Christus selbst der »Eckstein«, nach dem sich der ganze Bau ausrichtet (Ps 118,22; Eph 2,20).

Die Hoffnung der Versammlung Gottes ist wesentlich auf den *Himmel* ausgerichtet (Phil 3,20), während die Hoffnung Israels stark durch *irdische* Segnungen gekennzeichnet ist (5Mo 28,1-14).

Die Entrückung: Das Ende der Zwischenzeit

Das Ende der Zwischenzeit der Versammlung Gottes auf Erden wird durch die Entrückung markiert (1Thes 4,13-18; 1Kor 15,51-57): Jesus Christus wird die Versammlung von dieser Erde wegnehmen, um anschließend Israel wieder voll auf den Plan zu bringen. Die Entrückung wird stattfinden, sobald die von Gott festgesetzte Zahl, die zur Versammlung Gottes gehören soll, erreicht sein wird (vgl. die »Vollzahl der Nationen« in Röm 11,25).[89]

89 Aus Offenbarung 3,10 geht deutlich hervor, dass die Entrückung dem Auftreten des »Antichrists« vorausgehen wird.
Einige klärende Bemerkungen zu dieser Stelle mögen in diesem Zusammenhang hilfreich sein:
Der Ausdruck »[*die*] Stunde der Versuchung« bezeichnet die größte Verführungszeit der ganzen Menschheitsgeschichte: die Zeit des »Antichrists«. Offenbarung 3,10 gibt die Verheißung, dass die Gemeinde (bzw. Versammlung) Gottes vor dieser Zeit verschont werden wird.
Zuweilen kann man jedoch die Behauptung hören, dass die Übersetzung »ich [werde] dich bewahren *vor* der Stunde der Versuchung« falsch sei und korrekt mit »ich [werde] dich bewahren *aus* der Stunde der Versuchung« wiedergegeben werden sollte. Schließlich bedeute doch das griechische Wort »ek« so viel wie »aus« oder »heraus«.
Folgende Überlegungen mögen den Sachverhalt klären:
a) Das griechische Wort »ek« bedeutet oft »aus« oder »heraus«, aber längst nicht immer. Es hat noch diverse andere Bedeutungen, so z. B. eben auch »vor«.
b) In Offenbarung 3,10 ist »ek« mit dem Verb »tereo« (= bewahren) verbunden. Durch dieses Wort wird die Bedeutung von »ek« in unserer Stelle festgelegt. Man bewahrt jemanden nicht *aus* sondern *vor* einer Gefahr. Man kann jemanden *aus* einer Gefahr

Konsequenzen der Entrückung

Die Entrückung wird einen schwerwiegenden heilsgeschichtlichen Einschnitt verursachen:

- Über alle Menschen aus den Heidenvölkern, die die Botschaft der Rettung durch den Messias Jesus gehört haben, aber nicht für sich persönlich in Anspruch genommen haben, wird eine *totale Verhärtung* kommen, sodass sie auch gar nicht mehr zu Gott werden umkehren können (2Thes 2,7-12). Nur für solche, die das Evangelium des Messias noch nie wirklich gehört haben, wird es noch eine Chance zur Umkehr geben (Offb 7,9-17).
- Die in Römer 11 behandelte Verblendung Israels wird ein Ende haben. Es wird, ausgehend von Jerusalem, zu einer *gewaltigen Erweckungsbewegung* unter dem jüdischen Volk im Land Israel und in der Diaspora ([= Zerstreuung], d. h. im Ausland) kommen (Jes 10,20-23; 37,31-32).

Zur heutigen Übergangszeit

Heute befinden wir uns offensichtlich in einer Art Übergangszeit. Wir haben gesehen, dass die Zeitperiode, in der die Völker das Evangelium hören, während das jüdische Volk auf der Wartebank sitzt, ein Ende haben wird. Wir sind Augenzeugen davon, wie Gott sich Israels auf ganz besondere Art und Weise

retten. In Offenbarung 3,10 findet sich jedoch nicht das Verb »sozo« (= retten), sondern, wie gesagt, das Verb »tereo«. Die Wortverbindung »tereo ek« muss daher aus textsemantischen Gründen zwingend mit »bewahren vor« übersetzt werden.
Derselbe Ausdruck »tereo ek« findet sich noch ein einziges Mal im Neuen Testament, nämlich in Johannes 17,15. Interessanterweise will hier kaum einer übersetzen: »... dass du sie bewahrest *aus* dem Bösen«!

wieder annimmt. Damit sind wir in der biblischen »Endzeit« angekommen:

Seit dem Ende des 19. Jahrhunderts kam es zu gewaltigen jüdischen Einwanderungswellen ins verheißene Land. Bereits 1948 wurde der Staat Israel wieder gegründet. Das sind sehr deutliche Hinweise darauf, dass die Periode, in der Israel sich lange gedulden musste, nun zum Abschluss kommt.

Jeremia hatte schon vor 2600 Jahren von diesen Tagen geweissagt (32,37-38):

»Siehe, ich werde sie aus allen Ländern sammeln, wohin ich sie vertrieben haben werde in meinem Zorn und in meinem Grimm und in großer Entrüstung; und ich werde sie an diesen Ort zurückbringen und sie in Sicherheit wohnen lassen. Und sie werden mein Volk, und ich werde ihr Gott sein.«

Derselbe Prophet sagte auch (31,10.12): *»Hört das Wort des Ewigen, ihr Nationen, und meldet es auf den fernsten Inseln und sprecht: Der Israel zerstreut hat, wird es wieder sammeln [...] und sie werden kommen und jubeln auf der Höhe Zions ...«*

Ferner sei aus der ganzen Fülle der vorhandenen Stellen zu dem Thema noch auf folgende Stellen hingewiesen: Jesaja 43,5-7; Jeremia 16,14-15; 23,7-8; 31,8; 32,42-44; Hesekiel 11,17; 36,24; 37,21; 38,8.

Wir sind heute Zeugen davon, dass Juden aus allen fünf Kontinenten in gewaltigen Einwanderungswellen ins Land ihrer Väter zurückgekehrt sind. Bis heute sind Juden aus über 140 verschiedenen Ländern heimgekehrt. Die Wichtigkeit dieser Ereignisse darf nicht unterschätzt werden. Der Prophet Jeremia sagte, dass die Botschaft der Sammlung Israels so bedeutsam sei, dass man sie auf den fernsten Inseln bekannt machen sollte. *Die Sammlung des jüdischen Volkes markiert eine gewaltige Wende in der Heilsgeschichte!*[90]

---

90 Besonders schön ist die bildhafte Beschreibung in Hesekiel 37,1-14. In diesen Versen wird so anschaulich gezeigt, wie diese Übergangszeit in mehreren verschiedenen Phasen verlaufen sollte.

Die Rückkehr zum Tempelberg in Ostjerusalem

Wir haben von der Rückkehr Israels ins Land der Väter gelesen. Das eben angeführte Jeremia-Zitat (31,10.12) präzisiert, dass das jüdische Volk insbesondere auch zu der *»Höhe Zions«* zurückkehren würde.

»Zion« ist der Name des Osthügels in Jerusalem, auf dem sich der Tempelplatz befindet. Ursprünglich bezeichnete »Zion« zwar den etwas tiefer liegenden Südteil dieser Anhöhe, wo David seine Burg hatte (2Sam 5,7), doch später wurde der Begriff ausgeweitet, sodass »Zion« auch den *ganzen* Osthügel bezeichnete, inklusive seiner höchsten Höhe mit dem Tempelbezirk (Ps 20,3; 132,13-14; Jes 8,18). Die zentrale heilsgeschichtliche Bedeutung dieser topografischen Erhebung erklärt denn auch, weshalb in den Schriften des Alten Testaments, und ganz besonders in den poetischen Abschnitten derselben, »Zion« sehr häufig auch als synonyme Bezeichnung für »Jerusalem« verwendet wird (Jes 4,3).

Übrigens: Die heutige Bezeichnung des Westhügels in Jerusalem als »Zion« geht auf eine falsche spätere Tradition zurück.

Bis 1967 hatte Israel keinen Zutritt zum »Berg Zion«. Damit es doch noch so weit kommen konnte, musste Israels Existenz von seinen islamischen Nachbarn auf beängstigende Weise massiv bedroht werden. Dies führte zum Sechs-Tage-Krieg. Der Westen befürchtete anfänglich, dass der Staat Israel endgültig vernichtet

Szenen aus dem Sechs-Tage-Krieg.

Israelische Fallschirmjäger an der Klagemauer. Zurück in Zion.

Kurz nach der Eroberung der Altstadt traf der Militär-Oberrabbiner Shlomo Goren mit einem Kommando an der Westmauer ein. Auf dem Bild bläst er das Erlösung ankündigende Schopharhorn. Unter dem Arm hält er eine Thora-Rolle.

werden könnte. Doch innerhalb einer jüdischen Arbeitswoche wurden alle Feinde in einem sagenhaften Blitzkrieg geschlagen (von Sonntag bis Freitag, am darauffolgenden Sabbat war Ruhe).

Durch die Eroberung der Altstadt im Sechs-Tage-Krieg kam das jüdische Volk wieder in den Besitz der gesamten Stadt Jerusalem, mitsamt dem Tempelbezirk auf dem Berg Zion. Insofern hat sich seither bereits etwas davon erfüllt, was Jeremia angekündigt hatte (31,12):

»*… sie werden kommen und jubeln auf der Höhe Zions …*«

In Übereinstimmung mit dieser Stelle stehen auch die folgenden prophetischen Verse:

»*Denn Gott wird Zion retten und die Städte Judas bauen; und sie werden dort wohnen und es besitzen*« (Ps 69,36).

»*… und ich werde euch nehmen […] und euch nach Zion bringen*« (Jer 3,14).

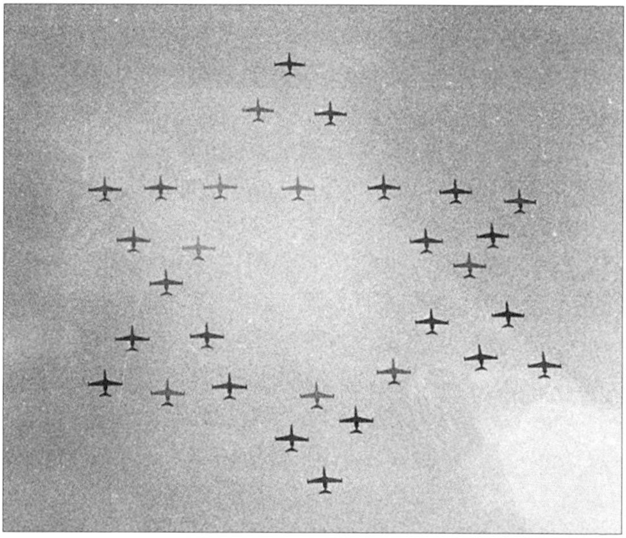

Fliegerparade nach dem Sechs-Tage-Krieg. Der Davidstern am Himmel ist in biblischem Sinn ein messianisches Zeichen (4Mo 24,17). Es weist auf die kommende endgültige Erlösung Jerusalems durch den Friedefürsten hin.

Zur Wiedervereinigung Jerusalems

Drei Wochen nach dem Sechs-Tage-Krieg wurden West- und Ostjerusalem offiziell wiedervereinigt. Die Grenzsperren wurden beseitigt und die Passkontrollen aufgehoben. Die beiden Stadtteile, die lange wie Berlin durch eine Mauer voneinander getrennt waren, wurden zu *einer* Stadt erklärt, ganz im Sinn der prophetischen Worte in Psalm 122,3:

»*Jerusalem, die du aufgebaut bist als eine fest in sich vereinigte Stadt.*«[91]

Ende 1980 wurde von der Knesseth, dem israelischen Parlament, das »Jerusalem-Gesetz« verabschiedet, wodurch man »ganz Jerusalem zur ungeteilten und ewigen Hauptstadt Israels« erklärte.

91 A. d. H.: Eigene Übersetzung des Autors.

Militärparade in Jerusalem nach der Eroberung der Altstadt.

Jerusalems Glanz und Schönheit kehrt wieder

Durch gewaltige Bauprojekte wird Jerusalem, und insbesondere das Jüdische Viertel in der Altstadt, mehr und mehr zu einer wunderschönen und attraktiven Stadt. Während Jahrhunderten musste Jerusalem als unansehnliche und schmutzige Stadt unter seiner Schmach schwer leiden. Doch heute sieht man bereits etwas davon, was in Psalm 147,2 schon längst prophezeit worden war:

»Der Ewige baut Jerusalem, die Vertriebenen Israels sammelt er.«

»Der Ewige baut Jerusalem …«

Kapitel 8
Jerusalem auf dem Weg zum Dritten Tempel

Zurück an der Klagemauer

Seit 1967 können Juden in Ostjerusalem wieder an der Klagemauer beten. Dort sieht man sie jubeln – jubeln darüber, dass Gott die alten Verheißungen der Propheten in Erfüllung gehen lässt. An der Westmauer, wie man diesen Überrest des Tempels auch nennt, wird aber nach wie vor ebenso geklagt – geklagt um den verlorenen Tempel. Zudem betet man auch, dass der Ewige in dieser Zeit den Wiederaufbau des Tempels gewähren möge.

Die Klagemauer ist etwa 18 Meter hoch. Die mächtigen Steinquader, die die unteren 12 Meter ausmachen, sind ein Überbleibsel der westlichen Außenmauer des im Jahr 70 n. Chr. ver-

Luftbild der Ausgrabungsstätte auf dem Ophel (= Südabhang des Tempelberges).

wüsteten Tempels. Für die Römer waren diese übrig gelassenen Steine ein Zeichen des Sieges über die Juden.

Der Tempelberg und die moderne Archäologie

In der Folge des Sechs-Tage-Krieges haben israelische Archäologen damit begonnen, systematische Ausgrabungen am und im Tempelberg zu betreiben. Dabei sind sensationelle Funde gemacht worden, die eine beeindruckende Vorstellung von der Größe und Macht des einstigen Tempels zu vermitteln vermögen.

Unterirdische Gänge

Im Tempelberg gibt es zahlreiche unterirdische Gänge und Räume. Der geheimnisvolle Untergrund des Tempelberges konnte bis heute aber nur zu einem Teil untersucht werden. Die Muslime glauben, dass böse Geister diese Tunnels bewachen. Sie fürchten sich, dahin zu gehen. Daher sind diese geheimnisvollen Schächte im Laufe der vergangenen 1300 Jahre kaum erforscht worden.

Heutzutage ist es absolut unmöglich, dort irgendwelche archäologischen Forschungen durchzuführen, da sich die Muslime massiv dagegen sträuben.

Zur Arbeit an der Westmauer

Eine Sensation war die Ausgrabung von Überresten der Westmauer auf einer Länge von mehreren Hundert Metern. Nun sind die gewaltigen Überbleibsel auf der gesamten Länge der einstigen Umfassungsmauer auf der Seite des Sonnenuntergangs freigelegt. Alle vier Zugänge, von denen man aus der historischen Überlieferung wusste, sind heute archäologisch eindeutig bestätigt.

An der Westmauer wurde auch eine große herodianische Brücke ans Licht gebracht, bei der es sich um einen Überrest eines gewaltigen Aquädukts handelt, der Wasser von den Teichen Salomos bei Bethlehem für die tägliche Reinigung des Tempels und seiner Vorhöfe herbeiführte.

In der Nähe des Zugangs zu den Ausgrabungen an der Westmauer war noch vor Jahren eine Aufschrift mit folgendem Inhalt angebracht: »Mit jedem ans Licht gekommenen Stein gelangen wir näher zum Verständnis darüber, wie die Westmauer der letzten Tage unseres alten Königreichs mit dem Beginn der Zukunft verknüpft ist. Die Mauer, die als Rest des heiligen Tempels überlebt hat, wird die erste Mauer sein beim Wiederaufbau des nächsten Tempels, des ›Gebetshauses für alle Völker‹.«[92]

Diese Aufschrift ist aus verständlichen Gründen später durch eine weniger brisante ersetzt worden.

Der Treppenaufgang an der Südseite

Bei der einstigen Südmauer des Tempelberges wurde auch intensiv gegraben. Hier wurde u. a. der monumentale Treppenaufgang zum Doppel- und zum Dreifachtor freigelegt. Beim Zugang zum

Der Autor auf den originalen Treppen, die zum Doppeltor auf der Südseite des Tempels hinaufführten.

92 Zitiert nach *Ice/Price, Ready to Rebuild*, S. 142 (Übersetzung: R. L.).

Doppeltor handelt es sich um den Hauptzugang zum einstigen Tempel.

Ritualbäder für die Tempelbesucher

Ferner kam auf dieser Seite ein riesiges Netz von Zisternen und Bädern zutage, die in Verbindung mit der rituellen Reinigung der Tempelbesucher standen. Das Gesetz Moses beinhaltet nämlich diverse Vorschriften in Bezug auf die Waschung mit Wasser, die sowohl geistliche als auch rein hygienische Bedeutung hatten.

Ausgrabungen auf dem Ophel: Zisternen für die Ritualbäder.

An der Südwest-Ecke

Die riesigen Quadersteine an der Südwest-Ecke des Tempelberges beeindrucken besonders. Sie wiegen je einige Dutzend Tonnen!

Selbst der Laie kann sie sofort als »herodianische« Bauelemente erkennen. Der »Randschlag mit Spiegel« ist sehr typisch für diese Steine: Die sichtbare Seite ist schön geglättet. Am Rand verläuft eine schmale Vertiefung.

Beim Anblick solcher etwa 1,5 Meter hohen und bis zu ca. 10 Meter langen Bausteine, die ein Gewicht bis zu mehr als 50 Tonnen haben, kann man die Worte eines Jüngers Jesu in Markus 13,1 gut verstehen, der – als er aus dem Tempel hinaus-

An der Südwest-Ecke der Tempel-Umfassungsmauer.

»Siehe, was für Steine!«

Modell der Umfassungsmauer des Tempels. Der Pfeil im Bild bezeichnet den Bereich der heutigen Klagemauer. Ganz nahe an der Südwest-Ecke befindet sich der Robinson-Bogen, der zu einem wichtigen Tempel-Eingang an der Westseite führte. Es handelt sich hier um den wohl gewaltigsten Bogenbau der Antike.

Der bis heute in der Westmauer übrig gebliebene Ansatz des Robinson-Bogens.

gegangen war – zu seinem Herrn sagte: »*Lehrer, siehe, was für Steine …!*«

Übrigens, einen der allergrößten Bausteine hat man auf der Westseite innerhalb des Westmauertunnels gefunden. Er ist 13,7 Meter lang, 3,5 Meter hoch und ca. 4,6 Meter breit. Er wiegt ungefähr 570 Tonnen. Zum Vergleich: Der größte Stein der Cheops-Pyramide in Giza wiegt »lediglich« ungefähr 20 Tonnen!

Islamischer Widerstand

Von islamischer Seite her versucht man, die ganze jüdische Vergangenheit in Verbindung mit dem Tempelberg zu leugnen und zu ignorieren. Die Ausgrabungen im Tempelberg stießen auf ganz massiven Widerstand der Muslime. Zwei Archäologen, die Rabbiner Goren und Getz, verloren deshalb beinahe ihr Leben. So sind diese Grabungen seit einigen Jahren eingestellt worden. Der Zugang von der Westmauer her durch das Warren-Tor ist auf Befehl der israelischen Regierung versiegelt worden. Man kann nur ahnen, welche großartigen Überraschungen noch ans Licht kämen, wenn diese Arbeiten weitergeführt würden. Allgemein herrscht im orthodoxen Judentum aufgrund vieler Hinweise in der rabbinischen Literatur die Überzeugung, dass in geheimen Räumen im Berg Morija verborgene Schätze, jahrtausendealte gottesdienstliche Geräte, auf den Tag ihrer Entdeckung und ihrer Wiederverwendung im Dritten Tempel warten …

Tempelbewegungen

Die Eroberung des Tempelberges und die darauf erfolgten Ausgrabungen dort haben, wie gesagt, in Israel das Interesse am Wiederaufbau des Tempels auf eine ganz neue Weise wachgerufen. Es haben sich verschiedene Gruppierungen im Judentum gebildet, die den Bau des Dritten Tempels konkret im Auge haben. Nachfolgend verweise ich auf einige Tempel-Organisationen:

Das Tempel-Institut

1988 wurde das Tempel-Institut (hebr. »Mekhon Hamiqdash«) eröffnet. Der Gründer, Rabbi Israel Ariel, war einer der ersten Fallschirmjäger, die anlässlich der Befreiung Ostjerusalems im Sechs-Tage-Krieg den Berg Morija erreichten.

Im Tempel-Institut bemüht man sich, unter Einsatz eines enormen finanziellen Aufwands, die Geräte für den Gottesdienst im Dritten Tempel herzustellen. Von den 104 verschiedenen Tempelgeräten ist bereits ein bedeutender Teil bereitgestellt worden, wie z. B. siebenarmige Leuchter, der goldene Schaubrottisch, der goldene Räucheralter, ein kupfernes Waschbecken, ein goldenes Rauchfass, goldene und silberne Opferschalen, Gefäße für das Wasser- bzw. für das Wein-Trankopfer, das heilige Diadem aus reinem Gold für den Hohenpriester, alle weiteren Teile der hohenpriesterlichen Kleider mitsamt dem mit 12 Edelsteinen besetzten

Vor dem Eingang zum Tempel-Institut.

Brustschild, Gewänder für die normalen Priester, Schaufeln für die Arbeit am Brandopferaltar, eine Urne und Lose für den Großen Versöhnungstag, silberne Trompeten, Schopharhörner, Harfen für die Tempelmusik der Leviten und vieles andere. Es handelt sich hier nicht um Modelle, sondern um für den Gebrauch im neuen Tempel bestimmte Geräte.

Das Tempel-Institut treibt zudem massive Forschungsarbeiten voran. Es geht darum, die verschiedensten Gebiete rund um die Wiederherstellung des Tempeldienstes wissenschaftlich zu ergründen. Noch nie wurde seit der Zerstörung des Tempels im Jahr 70 Derartiges geleistet.[93]

93 Vgl. folgende grundlegende Publikationen des Tempel-Instituts: *Ariel, The Odyssey of the Third Temple; The Temple Institute, Guide to the Treasures of the Temple.*

Als ich im Frühjahr 1993 im Tempel-Institut war, sprach ich mit Rabbi Chaim Richman über das Problem der Omar-Moschee auf dem Tempelplatz. Seine Sicht ist beeindruckend. Er sagte etwa Folgendes: »Wir sind keine politische Organisation. Wir rechnen aber mit einem Gott, der die Geschichte in der Hand hat. Unsere Aufgabe ist es, die Geräte für den Dritten Tempel bereitzustellen. Den Rest überlassen wir Gott.«

Ausbildung der Kohanim

Verschiedene weitere Organisationen bemühen sich um die Ausbildung von Priestern (hebr. »Kohanim«) für den Dienst im zukünftigen Tempel. Besonders zu erwähnen ist in diesem Zusammenhang die Jeshiva [= Hochschule für das Talmud- und Bibelstudium] namens »Ateret Kohanim« [= »Krone der Priester«]. Sie befindet sich, wie auch das Tempel-Institut, in Ostjerusalem. Es gab schon Zeiten, wo hier etwa 200 Personen gleichzeitig für den aktiven Priesterdienst ausgebildet wurden.

Leviten und Söhne Aarons

Für den Dienst der Leviten (= Hilfsdienst im Tempel) kommen gemäß der Vorschrift im Gesetz Moses nur Menschen aus dem Stamm Levi infrage (4Mo 3), und für den Priesterdienst nur solche aus *einer* levitischen Familie (2Mo 28): die Nachkommen Aarons, des ersten Hohenpriesters. Aaron war übrigens der Bruder Moses.

Wie können heutige Juden wissen, ob sie Leviten bzw. Aaroniter sind, obwohl die einstigen Geschlechtsregister-Verzeichnisse (1Chr 9,1) nicht mehr existieren?

Dies ist kein unlösbares Problem. Zunächst gibt es z. T. mündlich weitergegebene Familienüberlieferungen, in denen das Wissen über die Abstammung erhalten geblieben ist. Ferner geben auch Familiennamen wichtige Hinweise. Juden mit den Namen »Levi«, »Levy«, »Levey«, »Levin« oder »Levinski« usw. wissen um ihre Abstammung aus dem Stamm Levi. Leute, die z.B. »Cohen« (= hebr. für »Priester«), »Cohn« oder »Kahane« heißen, können ihre Abstammung auf das priesterliche Geschlecht Aarons zurückführen. Selbstverständlich wird genau darauf geachtet, dass nur solche Leute zum künftigen Priesterdienst im Tempel ausgebildet werden.

Die rote junge Kuh

Für die Wiederaufnahme des Tempeldienstes gibt es manche Probleme und Fragen, die seriös gelöst werden müssen. Erstaunlich ist, wie heute eine Schwierigkeit um die andere tatsächlich geklärt werden kann.

Eine fundamentale Voraussetzung für die Wiederaufnahme des Gottesdienstes im Dritten Tempel ist die rituelle Reinheit der Priester. In diesem Zusammenhang spielt das Opfer der roten jungen Kuh aus 4. Mose 19 eine entscheidende Rolle.

Es stellte sich folgende Schwierigkeit: Weil der Tempel vor fast 2000 Jahren vernichtet worden war, hatte man die Pflege von roten Kühen nicht mehr weitergeführt. Im 20. Jahrhundert kannte das Judentum keine solchen Opfertiere mehr. Wie sollte man je den zukünftigen Opferdienst ohne rote Kühe beginnen können? Hier war guter Rat teuer. Vor einiger Zeit hat sich ein amerikanischer Christ namens Clyde Lodt gemeldet: Er habe rote Kühe auf seiner Ranch in Mississippi. Das Tempel-Institut hat diese Behauptung nachgeprüft. Es war ein voller Erfolg! Zum ersten Mal seit den Zeiten des Zweiten Tempels geschah es, dass ein Rabbi einer roten Kuh den Ausweis ausstellen konnte, dass sie den Anforderungen zum Opfer nach 4. Mose 19 entsprach. Inzwischen hat es sich gezeigt, dass es neben Clydes Kühen noch

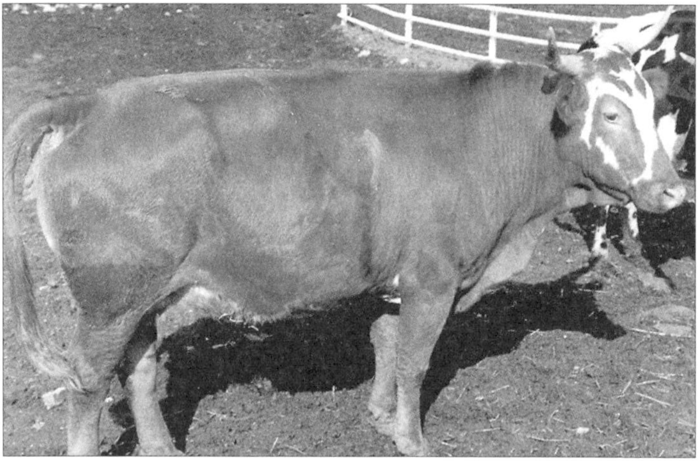

Eine rote Kuh, die durch Züchtung noch perfektioniert werden müsste, um den rabbinischen Vorschriften zu entsprechen.

weitere Möglichkeiten gibt, um an die erforderlichen roten Kühe zu kommen. Das einstige Problem, wie man in den Besitz von roten Kühen kommen könnte, die den Anforderungen der Thora entsprechen, ist heute gelöst.

Die »Atarah Lejoshnah«

Wie soll der künftige Tempel aussehen? Im Studienzentrum der »Atarah Lejoshnah«, einer weiteren Organisation, die auf den Bau des Dritten Tempels hinarbeitet und zudem die jüdische Besiedlung Ostjerusalems fördert, findet sich ein Modell, das auf der Grundlage der detaillierten Maßangaben für den Tempel des Messianischen Friedensreiches im Buch des Propheten Hesekiel konzipiert worden ist (Hes 40ff.). Dieses Modell ist deutlich als »Dritter Tempel« (hebr. »bajith shlishi«) beschriftet. Die Lage des Modells in diesem Zentrum, das sich im herodianischen Teil des neuen Jüdischen Viertels in der Altstadt befindet, ist bezeichnend. Wenn man aus den Fenstern hinter dem Modell hinausschaut, sieht man direkt auf den Tempelplatz … wo sich in strahlendem Gold die Kuppel der Omar-Moschee wölbt.

Gebäude der »Atarah Lejoshnah«, in dem sich das Modell des »Dritten Tempels« befindet.

»Die Getreuen des Tempelberges«

Eine weitere Gruppe, die sich um den zukünftigen Tempel bemüht, hat unter dem Namen »Die Getreuen des Tempelberges« bereits für manche Schlagzeilen in den Medien gesorgt. Ihr Gründer ist Gershon Salomon, Professor für orientalische Studien an der Hebräischen Universität von Jerusalem. Gershon Salomon gehörte zur ersten Fallschirmjäger-Einheit im Sechs-Tage-Krieg, die am vierten Tag, anlässlich der Befreiung des Tempelberges, an den einstigen Ort des jüdischen Gottesdienstes kam.

Salomon erzählte, wie er als Erstes zur Omar-Moschee ging und dort wie ein Kind zu weinen anfing. Die anderen Soldaten, die um den Felsen herumstanden, taten dasselbe. Der Führer der »Getreuen« sagte ferner: »Wir konnten uns nicht mehr beherrschen. Wir standen während Stunden auf dem Tempelberg

Fallschirmjäger auf dem Tempelplatz anlässlich des Sechs-Tage-Krieges. Psalm 126,1-2: »Als der Ewige die Heimkehrenden Zions zurückführte, waren wir wie Träumende. Da ward unser Mund voll Lachens und unsere Zunge voll Jubels; da sagte man unter den Nationen: Der Ewige hat Großes an ihnen getan!« (eigene Übersetzung des Autors).

– wir konnten nicht mehr weggehen. Man kann das nicht nachvollziehen, welch ein Moment das für uns war! Dieser Ort ist der Ort des Tempels. Der Tempel ist das Herz und die Seele des jüdischen Volkes. Ich fühlte mich so nahe bei Abraham, Isaak, Jakob, König David und bei den Propheten. Es war der wichtigste Tag meines Lebens, und dieses Erlebnis prägt nun jeden Augenblick meines Lebens. [...] Ich fühlte, dass wir eine ganz besondere Mission erfüllt hatten, eine Mission, auf die alle Generationen, seit der Zerstörung des Tempels im Jahr 70, gewartet hatten, dass wir sie erfüllen würden.«[94]

Gershon Salomon umschrieb die Zielsetzung der »Getreuen des Tempelberges« wie folgt: »... den Dritten Tempel an seinem

94 *Ice/Price, Ready to Rebuild*, S. 121.

korrekten Platz, auf dem Felsen in der Mitte des Tempelberges, wiederaufzubauen. Dieser Tempel soll für Israel neu ein Zentrum des religiösen, nationalen, geistlichen und moralischen Lebens werden.«[95]

Wo befindet sich der genaue Standort des Tempels?

Zur Ansicht Salomons über die genaue Lage des Heiligtums auf dem Tempelplatz muss vielleicht noch Folgendes bemerkt werden:

Der Architekt-Archäologe *Leen Ritmeyer* wirkte von 1973 bis 1976 bei den israelischen Ausgrabungen am Tempelberg mit. Im Ganzen arbeitete er während 22 Jahren an und auf dem Tempelberg. Ihm glückte es, das 500-Ellen-Quadrat, den eigentlich hei-

Das Goldene Tor. Um 1530 vermauerten die Muslime dieses nach Osten zum Ölberg hin gerichtete Tor, um dem Messias der Juden bei seinem Kommen den Zugang nach Jerusalem zu versperren. Gemäß Psalm 24,7-10 wird dies kein Hindernis für den »König der Herrlichkeit« sein, wenn er in seiner ganzen Macht erscheinen wird.

95 *Ice/Price, Ready to Rebuild*, S. 122.

ligen Bereich des Tempels, exakt zu lokalisieren. Dies war denn auch das Thema seiner Doktoral-Dissertation, die 1992 von der Universität Manchester angenommen wurde.[96] Diese Entdeckung stieß in der Archäologenwelt in der Folge sehr schnell auf breite Akzeptanz.[97]

Im Frühjahr und im Sommer 1994 gelang es Ritmeyer schließlich, den genauen Standort der Bundeslade und des Allerheiligsten festzustellen.[98] Diese Lokalisierung deckt sich mit einer wichtigen Tradition innerhalb der jüdischen Orthodoxie.[99] Diese Entdeckung Ritmeyers ermöglichte es, u.a. dank der genauen Maßangaben im Talmud-Traktat Middoth, schließlich den ganzen Grundbauplan des Zweiten Tempels mitsamt allen Vorhöfen, Nebengebäuden, Säulenhallen usw. exakt auszuarbeiten und auf dem heutigen Tempelplatz zu lokalisieren. Diese Ergebnisse sind dermaßen eindeutig, dass alle Einzelheiten aufgehen wie in einem Puzzle. Querschnitte durch den Tempelberg von Osten nach Westen und von Norden nach Süden, unter Berücksichtigung der bekannten Höhenlagen des gewachsenen Felsens, stimmen genau mit den Niveaus der vier Tempelvorhöfe,

---

96 *Ritmeyer, Leen, The Archaeological Development of the Temple Mount in Jerusalem.* A thesis approved by the University of Manchester for the degree of Doctor of Philosophy in the Faculty of Arts, 1992.

97 *Ritmeyer, Leen, The Ark of the Covenant. Where It Stood in Solomon's Temple*, in: *Biblical Archaeological Review*, Vol. 22, No. 1, Jan./Feb. 1996, S. 47.

98 *Ritmeyer, Leen, The Temple and the Rock*, Harrogate, 1996. *Ritmeyer, Leen, The Ark of the Covenant. Where It Stood in Solomon's Temple*, in: *Biblical Archaeological Review*, Vol. 22, No. 1, Jan./Feb. 1996, S. 46-55, 70-73.
Damit wurde auch endgültig deutlich, dass Ansätze von B. Bagatti (er setzte 1979 das eigentliche Tempelgebäude südöstlich des Felsendoms an), A. Kaufmann (er suchte das eigentliche Tempelhaus nördlich des Felsendoms), D. M. Jacobson (er lokalisierte 1980 den Felsen des Domes zwischen dem Allerheiligsten und dem Altar), Shl. Goren (er wollte das Allerheiligste 1967 westlich des Felsendoms lokalisieren) und von anderen (die den Altar auf dem Felsen des Domes zu suchen glaubten) falsch waren. (Zu diesen differierenden Ansichten vgl. *Ice, Thomas/Price, Randall, Ready to Rebuild. The Imminent Plan to Rebuild the Last Days Temple*, Eugene, OR, 1992, S. 151-170.)

99 *Ice, Thomas/Price, Randall, Ready to Rebuild. The Imminent Plan to Rebuild the Last Days Temple*, Eugene, OR, 1992, S. 167.

des Heiligen und des Allerheiligsten überein, so wie sie aus dem Traktat Middoth hervorgehen. Des Weiteren gibt es bestätigende exakte Übereinstimmungen zwischen den lokalisierten Tempelgebäuden mit den durch Warren und Wilson bereits im 19. Jahrhundert erforschten Untergrundstrukturen des Tempelberges.

Der Eckstein des Dritten Tempels

Die »Getreuen des Tempelberges« haben den ersten Stein für den Dritten Tempel schon seit langer Zeit bereitgestellt. Es handelt sich um einen etwa 4 Tonnen schweren Stein, der aus der Gegend von Mizpe Ramon (im Negev) stammt. Er wurde ohne Metallwerkzeuge allein mithilfe von Kieselsteinen zugehauen.

Schon dreimal versuchten die »Getreuen des Tempelberges«, den Eckstein auf dem Morija zu platzieren: Am 16. Oktober 1989,

Der Eckstein für den Dritten Tempel wiegt 4 Tonnen. Er wurde ohne Hilfe von Metallwerkzeugen zubereitet. Dieser Stein soll als erstes Bauelement des zukünftigen Heiligtums auf den Tempelplatz gesetzt werden. Nach ihm wird sich der Verlauf der von ihm ausgehenden Mauern richten.

am 8. Oktober 1990 und am 24. September 1991 – jedes Mal ohne den erhofften Erfolg. Beim zweiten Mal, es war zur Zeit der Golfkrise, kam es dabei zu massiven Ausschreitungen, die, wie man nun im Nachhinein weiß, von Saddam Hussein angeregt wurden, um die gebannt auf den Golfkonflikt blickende Welt von dem Problem-Verursacher Irak ab- und auf Israel hinzulenken. Zu diesem Zeitpunkt waren mindestens etwa 20 000 Juden anlässlich des Laubhüttenfestes (Sukkoth) an der Westmauer versammelt. Plötzlich ertönte es vom Tempelplatz über Lautsprecher: »Schlachtet die Juden ab!« Tausende von palästinensischen Muslimen begannen darauf, vom Tempelplatz her Steine, Metallgegenstände und mit Rasierklingen gespickte Kartoffeln auf die 18 Meter tiefer unten an der Klagemauer betenden Juden zu werfen. Die Polizei griff massiv ein. 17 Tote und 150 Verletzte waren das erschütternde Ergebnis.

Der Tempelberg im Brennpunkt

Wir sehen, dass sich der Nahostkonflikt deutlich immer mehr am Tempelberg in Jerusalem kristallisiert. Am 31. Oktober 1991, anlässlich der Anfänge der Friedensgespräche in Madrid, klagte der syrische Außenminister Israel an, es hätte vor, die Al-Aksa-Moschee in die Luft zu jagen. Ferner forderte er Israel auf, Ostjerusalem den Arabern zurückzugeben. Jerusalem – Hindernis für den Weltfrieden?

Der Dritte Tempel wird gebaut werden!

Wir haben gesehen, wie der Prophet Hosea es vorausgesagt hatte, dass Israel »viele Tage« ohne Schlachtopfer sein würde. Man beachte es gut: Er sagte *nicht* »ewiglich ohne Schlachtopfer«! Diese »vielen Tage« sollen ein Ende haben. Hosea hatte die Wende für die *Endzeit* angekündigt. Man achte in diesem Zusammenhang gut auf das Wort »danach« in Hosea 3,5!

Die Endzeit umfasst eine Zeitperiode, deren Anfänge schon ins 19. Jahrhundert zurückreichen. Es geht dabei um die Zeit, in der das jüdische Volk in sein Land zurückkehrt, wieder einen Staat gründet und in den Besitz von Jerusalem kommt – um eine Zeit, in der das verwüstete Land wiederaufblüht und die alten Trümmer wiederaufgebaut werden (Hes 36,24.34-36; 38,8). Diese Hinweise machen es deutlich: Die heutigen Bemühungen um den Wiederaufbau des Tempels finden, im Gegensatz zu all den früheren Versuchen, in einer Zeit statt, die heilsgeschichtlich gesprochen dafür reif ist. Der Dritte Tempel wird bald gebaut werden.

Die große geistliche Erweckung unter dem jüdischen Volk

Gemäß Hosea 3,5 wird die Zeit nach der Periode »ohne Schlachtopfer« auch eine Zeit der Umkehr und Neubesinnung sein. Man wird beginnen, nach dem früher abgelehnten und verschmähten Messias (»David, ihr König«) zu fragen. Hosea 3,5:

»Danach werden die Kinder Israel umkehren und den Ewigen, ihren Gott, und David, ihren König, suchen; und sie werden sich zitternd zu dem Ewigen und zu seiner Güte wenden am Ende der Tage.«

Es wird in Israel zu einer großen geistlichen Erneuerung kommen (vgl. Hes 36,24-27). Mehr als ein Drittel der jüdischen Bevölkerung wird durch das Studium des Alten Testaments zur Überzeugung gelangen, dass Jesus von Nazareth tatsächlich der verheißene Messias war. Jesus Christus hat mehr als 300 Prophezeiungen aus dem Alten Testament erfüllt.[100] Diese Beweise

100 Vgl. *Liebi, Erfüllte Prophetie.*

werden zu einer Massenumkehr zu dem verachteten Mann aus Galiläa führen, indem die Betreffenden erkennen werden, dass er tatsächlich der Sohn Gottes, der Erlöser und Retter ist. Diese Menschengruppe wird in der biblischen Prophetie an vielen Stellen als der »Überrest« bezeichnet.[101] Dieser zukünftige Überrest darf aber nicht mit dem an früherer Stelle besprochenen jüdischen »Überrest der jetzigen Zeit« (Röm 11,2-7) verwechselt werden, denn Letzterer gehört zur »Versammlung des lebendigen Gottes« und teilt ihre Bestimmung und Hoffnung.

Dieser geistliche Aufbruch wird sich nicht auf das Land Israel beschränken: Auch Unzählige der bis dahin immer noch in der Diaspora verbliebenen Juden werden in Jesus von Nazareth den Messias erkennen.[102]

Der geografische Ausgangspunkt dieser Erweckung unter dem jüdischen Volk wird *Jerusalem* sein (Jes 37,31-32)!

Nur ein Überrest wird gerettet werden

Die Worte aus Jesaja 10,20-23 betreffs des zukünftigen »Überrestes« können einen schwerlich kühl lassen:

»Und es wird geschehen an jenem Tag, da wird der Überrest Israels und das Entronnene des Hauses Jakob sich nicht mehr stüt-

---

101 Vgl. z.B. 2.Könige 19,31; Jesaja 10,20-22; 11,11.16; 28,5; 37,32; 46,3; Jeremia 31,7; Micha 2,12; 4,7; 5,6-7; Zephanja 2,7ff.; 3,13; Offenbarung 7,1-8 (die 144000 werden einen Teil des »Überrestes« ausmachen); 14,1-5 usw.
Der Überrest wird an manchen Stellen auch als die »Entronnenen« bezeichnet (z.B. Jes 4,2; 10,20; 37,31-32; Jer 31,2).

102 Bis zum Erscheinen des Messias sollen noch viele Juden in der Diaspora verbleiben, wie dies heute auch nach wie vor tatsächlich der Fall ist. Die Behauptung, dass vor dem Kommen des Messias alle Juden in ihr Land zurückgekehrt sein müssen, entbehrt jeder biblischen Grundlage. Erst zu Beginn des Messianischen Friedensreiches wird es zu einem vollständigen Ende der jüdischen Diaspora kommen (Hes 39,28). Auch die zerstreuten zehn Stämme werden dann alle endgültig gesammelt werden (Jes 11,11ff.; 66,19-20; Hes 20,34-44; Mt 24,30-31 usw.).

zen auf den, der es schlägt; sondern es wird sich stützen auf den Ewigen, den Heiligen Israels, in Wahrheit. Der Überrest wird umkehren, der Überrest Jakobs, zu dem starken Gott. Denn wenn auch dein Volk, Israel, wie der Sand des Meeres wäre, nur ein Überrest davon wird umkehren. Vertilgung ist fest beschlossen, sie bringt einherflutend Gerechtigkeit. Denn der Herr, der Ewige der Heerscharen, vollführt Vernichtung und Festbeschlossenes inmitten der ganzen Erde.«

Zur Weltmission des Überrestes

Der »Überrest« wird mit Erfolg[103] ein weltweites Zeugnis von dem baldigen Wiederkommen des Messias ablegen (Jes 43,8-13; Mt 24,14). Diese Israeliten werden »das Evangelium des Königreichs Gottes« verkündigen. Wie wir noch sehen werden, wird sich »der Überrest« im Land Israel auch engagiert für den Gottesdienst im Tempel zu Jerusalem einsetzen.

103 In Offenbarung 7,9ff. wird eine unzählbare Schar von Erlösten erwähnt, die durch die große Drangsalszeit gehen werden. Diese Menschen werden durch das Zeugnis der Schöpfung (Offb 14,6-7; Ps 19), aber zu einem gewichtigen Teil auch gerade durch die missionarische Aktivität des Überrestes zum Glauben kommen.

Kapitel 9
Jerusalems künftiger Weg aus Finsternis zum Licht

Das künftige Auftreten des »Antichrists« wird in die Ära des Dritten Tempels fallen. Zunächst stellt sich hier daher die Frage, was man unter dem Begriff »Antichrist« genau zu verstehen hat.

Der »Antichrist«

Einige sprachliche Bemerkungen zum Ausdruck »Antichrist« oder »Anti-Christus«: Das Wort »anti« bedeutet im Griechischen »gegen« oder »anstelle von«.

Der Begriff »Christus« kommt aus dem Griechischen und bedeutet dasselbe wie »Messias«[104], nämlich »Gesalbter«. Salbung findet man in der Bibel in Verbindung mit dem öffentlichen Dienst der Könige, Priester und Propheten (1Sam 16,13; 2Mo 29,7; 1Kö 19,16). Der Messias, der verheißene Erlöser, sollte alle diese Ämter in seiner Person vereinen:

1. In seiner Funktion als Prophet hat er die Aufgabe, dem Menschen in seiner geistlichen Finsternis den Weg Gottes zu zeigen.
2. Als Priester ist er um das von Gott trennende Sündenproblem bemüht. Durch Vergebung kann er den Reuigen in die Gemeinschaft mit Gott führen.

104 Der Ausdruck »Messias« ist die griechische *Aussprache* des hebräischen Wortes »Mashiach«. Die griechische *Übersetzung* von »Messias« bzw. »Mashiach« lautet »Christos«.

3. Der Mensch ist als abhängiges Wesen erschaffen worden und braucht deshalb obrigkeitliche Führung und Aufsicht. Auch dafür ist der Messias als Herrscher zuständig.

Beim »Antichrist« handelt es sich um eine Person, die sich *gegen* Jesus Christus wenden und sich zugleich *an seine Stelle* als »Gesalbter« setzen wird. Er wird sich als der im Alten Testament verheißene jüdische Messias und Erlöser ausgeben.

Falsche Messiasse in der Vergangenheit

In der Geschichte des jüdischen Volkes sind mehr als 50 Personen aufgetreten, die sich als der Messias ausgegeben haben.[105] Jedes Mal hat es sich, zumindest später, als eindeutiger Betrug herausgestellt. In einigen Fällen haben solche Verführer große Teile des Weltjudentums in Bewegung bringen können, wie z. B. Shabbetai Zwi im 17. Jahrhundert. Solche Verführer haben viel Unheil gestiftet. Man denke ferner ganz besonders an Bar Kochba, der vorgab, der Messias zu sein, und damit das jüdische Volk im Jahr 132 zur Revolte gegen die Römer motivieren konnte – sie endete aber mit einer Katastrophe: mehr als 1 000 000 Tote unter den Juden. Schwer wiegt dabei der Umstand, dass der berühmte Rabbi Aqiba (einer der bedeutenden Lehrer im Talmud!) ihn als Messias verkündigt hatte.

Die messianischen Juden hatten diesen falschen Messias abgelehnt, weil sie im Herrn Jesus den Verheißenen erkannt hatten. Dies bewahrte sie auch davor, an dieser unheilvollen Revolte teilzunehmen.

---

105 Vgl. *Meldau, Der Messias in beiden Testamenten*, S. 21; *Gilbert, Jerusalem*, S. 33.

Die größte Verführung in Israel

Alle in der Vergangenheit stattgefundenen Irreführungen waren lediglich ein Vorgeschmack dessen, was kommen wird. Der Antichrist wird jedoch alle vorangegangenen falschen Messiasse in jeder Hinsicht übertreffen.[106]

Im Judentum gibt es heute wieder eine starke Messias-Erwartung, und zwar in einem Maß, wie das seit dem 17. Jahrhundert nie mehr der Fall gewesen ist. Diese neue Messias-Bewegung kam besonders in der Folge der Katastrophe des Jom-Kippur-Krieges von 1973 so richtig auf. In den vergangenen Jahren hat darin vor allem die ultraorthodoxe chassidische Organisation Chabad eine bedeutende Rolle gespielt. Diese Richtung im Judentum umfasst weltweit etwa 250 000 Anhänger. Durch ihre massive Anwendung verschiedenster werbewirksamer Medien haben sie in den letzten Jahren das Messias-Bewusstsein unter den Juden gewaltig ausgeweitet, sowohl in Israel als auch in der Diaspora. Durch Angehörige dieser modernen Bewegung wurden in der jüngsten Vergangenheit z. B. an vielen Orten in Israel riesige Spruchbänder aufgehängt mit der Aufschrift: »Bereite dich zu für das Kommen des Messias!«

In dieser Sehnsucht, die hier zum Ausdruck kommt, liegt eine große Gefahr. Wenn der Antichrist in Israel die Macht an sich reißen wird, wird er die große Masse des jüdischen Volkes von seinem Messias-Anspruch überzeugen und damit grausam betrügen.

Es gibt eine ganze Reihe von Stellen in der Bibel, in denen der Antichrist beschrieben wird: Daniel 11,36-39; Sacharja 11,15-17; Johannes 5,43; 2. Thessalonicher 2,3-12; 1. Johannes 2,18-23; Offenbarung 13,11-18; 19,20.

106 Vgl. dazu: *Liebi, Das neue Europa – Hoffnung oder Illusion?*, S. 34-38.

Der Antichrist wird, wie gesagt, in Israel die Herrschaft übernehmen und so den politischen Kurs des Landes bestimmen. Deshalb wird er in den eben angeführten Stellen aus Daniel und Jesaja »König« genannt.

Der Herr Jesus sagte im Blick auf den Antichrist ein sehr ernstes Wort in Johannes 5,43. Er richtete sich damit an die damalige Führungsschicht des jüdischen Volkes:

»Ich bin in dem Namen meines Vaters gekommen, und ihr nehmt mich nicht auf; wenn ein anderer in seinem eigenen Namen kommt, den werdet ihr aufnehmen.«

Hier steht ein allgemeines Prinzip vor uns: Wer die Annahme der Wahrheit verweigert, öffnet sich automatisch für die ärgste Verführung!

Das neue Europa und der Antichrist

In meinem Buch *Das neue Europa – Hoffnung oder Illusion?* habe ich aufgezeigt, dass unser Kontinent daran ist, als Römisches Reich wiederzuerstehen. Der Schweizer Staatssekretär und EU-Befürworter Franz Blankart drückte das Ziel des neuen Europa sehr prägnant aus: »Ein Heilig-Römisches-Reich Europäischer Nation soll gezimmert werden« (S. 14).

In dem genannten Buch habe ich ferner aufgezeigt,

a) dass Europa zur Zeit des Antichrists aus verschiedenen triftigen Gründen in eine Diktatur verfallen wird, und
b) dass der Führer des neuen Europa (es wird sich dabei um den in Dan 9,26 schon früher erwähnten »kommenden Fürsten« handeln) mit dem Antichrist Hand in Hand arbeiten wird.

Zur Unterscheidung zwischen dem »kommenden Fürsten« und dem »Antichrist«

An dieser Stelle drängen sich noch einige Bemerkungen zu Offenbarung 13 auf (vgl. dazu ferner mein Buch *Das neue Europa – Hoffnung oder Illusion?*, S. 30-38):

Das »erste Tier« in diesem Kapitel ist der »kommende Fürst«, der Chef des wiedererstehenden Römischen Reiches. In der rabbinischen Literatur des Judentums erscheint er unter der Bezeichnung »Armilos« (= möglicherweise eine Entstellung des Wortes »Romylos« [= »Romulus«]). Entgegen weitverbreiteter Meinung ist das »erste Tier« *nicht* der Antichrist. Beim »ersten Tier« aus dem »Völkermeer« (vgl. zu dieser Symbolik Jes 17,12-13) handelt es sich doch um einen *nichtjüdischen* Verführer, der sich ja auch gar nicht als Messias Israels ausgeben wird. Das »zweite Tier aus der Erde« hingegen wird sich als der verheißene Erlöser des Alten Testaments ausgeben. Dieser Pseudo-Messias wird deshalb in Offenbarung 19,20 auch als der »falsche Prophet« bezeichnet.

Der »kommende Fürst«

Jetzt kommen wir auf Daniel 9 zurück. Wir haben die Verse 24-26 bereits gründlich untersucht und dabei gesehen,

a) dass der Messias 69 Jahrwochen nach dem Erlass von Artaxerxes in Israel auftreten sollte.
b) Daniel sagte aber auch die Ermordung des Messias voraus, was sich ja alles genau erfüllt hat.
c) Wir haben ferner festgehalten, dass die Römer, das *Volk* des »kommenden Fürsten«, in der Folge Jerusalem und den Tempel verwüsten sollten. Dies hat sich im Jahr 70 erfüllt.

d) Des Weiteren sollten bis in die Endzeit, in einer Serie von unabwendbarem Unglück, »Krieg« und »Verwüstung« über Jerusalem kommen. Der Endpunkt davon, so haben wir das bereits besprochen, wird durch eine verheerende Attacke der Syrer markiert werden.

Nun beschäftigen wir uns mit dem Vers 27: »*Und er wird einen festen Bund mit den Vielen schließen für eine Jahrwoche; und zur Hälfte der Jahrwoche wird er Schlachtopfer und Speisopfer aufhören lassen …*«[107]

Ich habe schon früher darauf hingewiesen, dass mit dem Pronomen »er« in Vers 27 ein Rückbezug auf den »kommenden Fürsten« in Vers 26 hergestellt wird.

Ein Bündnis mit Israel

Der kommende Diktator von Europa wird einen »festen Bund mit den Vielen schließen für eine Jahrwoche«. Der Ausdruck »die Vielen« (hebr. »rabbim«) weist auf die Masse des jüdischen Volkes hin. Dies geht aus den weiteren Stellen im Buch Daniel hervor, in denen dieser Ausdruck zu finden ist (11,33.39; 12,3).

Bei diesem Bund wird es sich um ein Sicherheitsbündnis zum Schutz des Staates Israel unter antichristlicher Herrschaft handeln.[108] Dieser Vertrag wird eine Jahrwoche, d. h. 7 Jahre, dauern.

---

107 A. d. H.: Eigene Übersetzung des Autors. Das gilt auch bei weiteren Zitaten aus diesem Vers.

108 Vgl. auch Jesaja 28,14-22. Der Begriff »Tod« weist hin auf den kommenden Führer des Römischen Reiches, der seine Macht direkt von Satan, dem »Menschenmörder von Anfang an«, bekommen wird (Offb 13,2; Joh 8,44). Mit »Scheol« (= Totenreich) ist der Machtbereich des kommenden Führers gemeint: das zukünftige Römische Reich.
In Jesaja 28,15 kommt gut zum Vorschein, dass es sich hier um ein Sicherheitsbündnis handelt: »*… wenn die überflutende Geißel hindurchfährt, wird sie an uns nicht kommen …*«

Es handelt sich hierbei um die 70. Jahrwoche Daniels, an deren Ende die große Wende kommen wird:

Jerusalem wird in den vollumfänglichen Segen Gottes eingeführt werden. Die messianische Friedenszeit wird anbrechen (Dan 9,24).

Zur Unterbrechung zwischen der 69. und der 70. Jahrwoche

Es dürfte nun auffallen, dass die Prophetie Daniels deutlich macht, dass es zwischen der 69. und der 70. Jahrwoche eine große Lücke gibt, die bereits nahezu 2000 Jahre gedauert hat. Diese Unterbrechung umfasst *die Zeit der Not und der Schmach Jerusalems*! Mit der Verwerfung des Messias ist die Zeitrechnung der Jahrwochen gewissermaßen zum Stillstand gekommen, um erst in der »Endzeit« wieder neu einzusetzen. Ist dies erstaunlich? Nein, absolut nicht! Dieses Phänomen ist in der Heilsgeschichte wiederholt festzustellen.

Hier ein Beispiel: In 1. Könige 6,1 heißt es, dass der Bau des Ersten Tempels in Jerusalem im 480. Jahr nach dem Auszug aus Ägypten seinen Anfang genommen habe. Wenn man die Chronologie nach den anderen biblischen Büchern nachrechnet, erlebt man eine Überraschung: Man kommt beim Zusammenzählen all der Jahresangaben in diesen geschichtlichen Zeugnissen auf 594 Jahre. Bemerkenswert ist nun aber Folgendes: In der dazwischenliegenden Zeit der Richter befand sich das Volk Israel wegen seiner Untreue gegenüber Gott während 111 Jahren unter Fremdherrschaft. Ferner gab es 3 Jahre Unterdrückung durch die Gewaltherrschaft des Thronräubers Abimelech, die wie die Jahre der Fremdherrschaft eine Zeit der Zucht Gottes über sein

Volk waren.[109] Eine kleine Rechnung führt uns nun zu einem verblüffenden Resultat: *594 – (111 + 3) = 480!*

Der Schreiber der Bücher der Könige hatte offensichtlich *die Zeit der Schmach und Not Israels* unter dem Gericht Gottes nicht mitgezählt, genauso wie die Prophetie Daniels *die Zeit der Not und Schmach Jerusalems* zwischen der 69. und der 70. Jahrwoche nicht mitzählt.

Weshalb ein Sicherheitsbündnis?

Worin liegt der unmittelbare Anlass dafür, dass der »kommende Fürst« mit Israel ein Sicherheitsbündnis schließen wird?

Gemäß der biblischen Prophetie soll das Volk Israel in der Zeit, in der es in das Land der Väter zurückkehrt, unter massiver Feindschaft vonseiten der umliegenden Völker leiden. Die Erfüllung davon ist uns heute eine völlige Selbstverständlichkeit. Ist es aber nicht erstaunlich, dass dies schon vor Jahrtausenden vorausgesagt worden war?

In dem prophetischen Psalm 83 (von Asaph; 10. Jh. v. Chr.) werden verschiedene arabische Nachbarvölker Israels mit ihren

---

109 Aus Apostelgeschichte 13,18-22 und den entsprechenden Stellen im AT entnehmen wir folgende Jahreszahlen:

– Wüstenreise Israels	40 Jahre
– Eroberung des Landes	x Jahre
– von da an bis zum ersten Richter	y Jahre
– Zeit der Richter	450 Jahre
– Saul	40 Jahre
– David	40 Jahre
– Salomo bis zum Beginn des Tempels	4 Jahre (1Kö 6,1)
	x + y + 574 Jahre

Aus 4. Mose 9,1 und Josua 14,7-10 ergibt sich: x = 6. Aus Richter 11,26 und den vorhergehenden Kapiteln ergibt sich: y = 14. Daraus folgt: 6 + 14 + 574 = **594**.
Die 114 Jahre setzen sich wie folgt zusammen: Richter 3,8: 8 Jahre; 3,14: 18 Jahre; 4,3: 20 Jahre; 6,1: 7 Jahre; 9,22: 3 Jahre; 10,8: 18 Jahre; 13,1: 40 Jahre.
(Quelle: *Heijkoop, Die Zukunft nach den Weissagungen des Wortes Gottes*, S. 114-115).

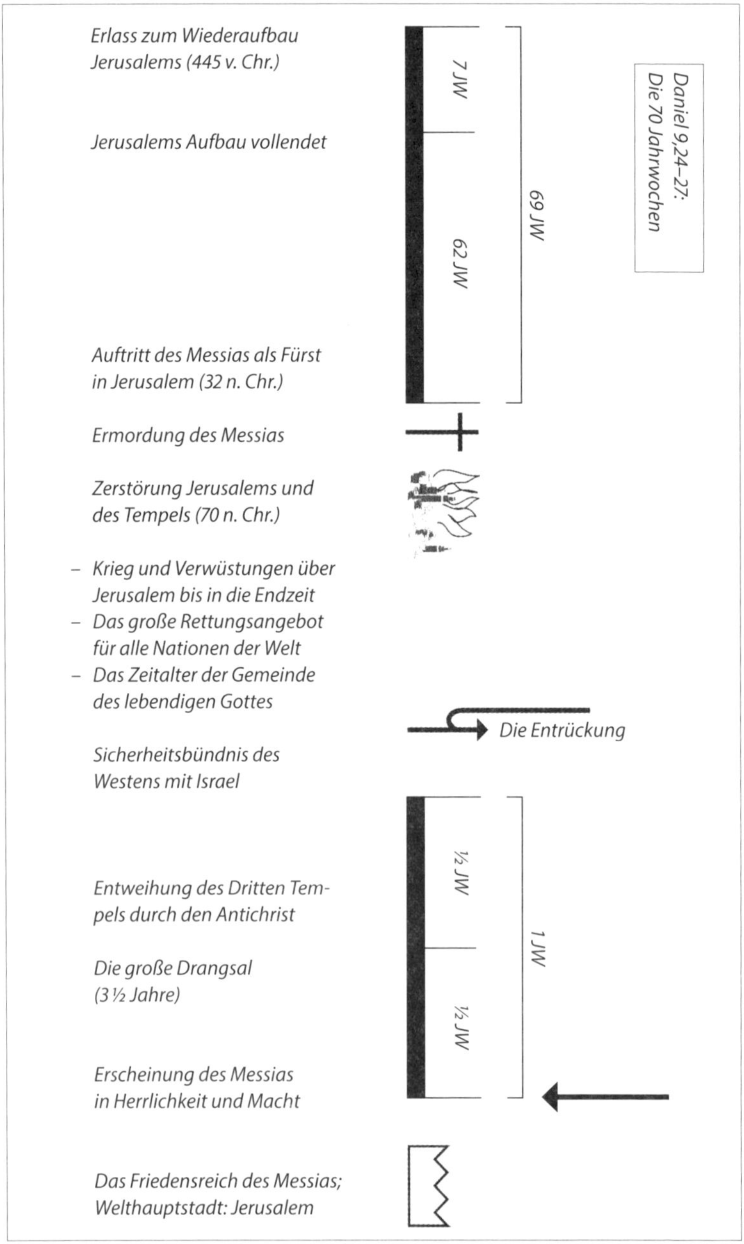
Daniel 9,24–27:
Die 70 Jahrwochen
Erlass zum Wiederaufbau Jerusalems (445 v. Chr.)
7 JW
Jerusalems Aufbau vollendet
62 JW
69 JW
Auftritt des Messias als Fürst in Jerusalem (32 n. Chr.)
Ermordung des Messias
Zerstörung Jerusalems und des Tempels (70 n. Chr.)
– Krieg und Verwüstungen über Jerusalem bis in die Endzeit
– Das große Rettungsangebot für alle Nationen der Welt
– Das Zeitalter der Gemeinde des lebendigen Gottes
Die Entrückung
Sicherheitsbündnis des Westens mit Israel
½ JW
1 JW
Entweihung des Dritten Tempels durch den Antichrist
Die große Drangsal (3 ½ Jahre)
½ JW
Erscheinung des Messias in Herrlichkeit und Macht
Das Friedensreich des Messias; Welthauptstadt: Jerusalem

antiken Namen aufgeführt (83,7-9). Diese Bezeichnungen weisen auf Jordanien (Ammon, Moab und Edom), Libanon (Tyrus und Gebal), Syrien (Hageriter), Irak (Assyrien), Ägypten (Amalek im Sinai) und Saudi-Arabien (Ismaeliter) hin. Neben israelischen Nachbarvölkern werden aber auch die Feinde *im* Land erwähnt, und zwar unter dem Namen »Philistäa« (= Philisterland). In diesem Zusammenhang ist es nützlich zu wissen, dass unser moderner Ausdruck »Palästinenser« sprachgeschichtlich mit dem hebräischen Wort für »Philister« (= hebr. »pelishti«) zusammenhängt![110] Im Arabischen gebraucht man übrigens denselben Ausdruck, »Philastini«, sowohl für »Philister« als auch für »Palästinenser«.

Psalm 83,6 besagt, dass alle diese genannten Völker zusammen in einem Bundesverhältnis stehen. Ihr Hauptziel besteht in der Vernichtung Israels:

»Kommt und lasst uns sie vertilgen, damit sie keine Nation mehr seien, damit nicht mehr gedacht werde des Namens Israels« (83,5).

Dieses Ziel wollen sie mit hinterlistigen Plänen erreichen: *»Gegen dein Volk schmieden sie heimtückische Pläne«*[111] (83,4).

Wenn man diesen Hintergrund vor Augen hat, wird es deutlicher: Der Westen wird mit Israel ein Militärbündnis haben zum Schutz der Masse des jüdischen Volkes in einer feindlichen Umgebung im Nahen Osten.

---

110 Man beachte die Analogie der Konsonanten! Im Arabischen heißt »Palästina« »Philastin«.

111 A. d. H.: Eigene Übersetzung des Autors.

Das Sicherheitsbündnis und der Dritte Tempel

In Daniel 9,27b steht geschrieben:

»… und zur Hälfte der Jahrwoche wird er Schlachtopfer und Speisopfer aufhören lassen.«

Diese Stelle deutet darauf hin, dass zur Zeit des Sicherheitsbündnisses mit dem Westen der Priesterdienst im Dritten Tempel bereits wieder ausgeübt werden wird. Doch in der Hälfte der 70. Jahrwoche, d. h. nach 3 ½ Jahren, wird der Diktator des neuen Europa dem Opferdienst in Jerusalem ein Ende setzen. Wie wird es dazu kommen?

Ein Götzenbild im Dritten Tempel

Gemäß Offenbarung 13,14-15 wird der Antichrist (dort das »zweite Tier«) zur göttlichen Verehrung des Diktators im neuen Europa (= das »erste Tier« in Offb 13,1ff.) ein Standbild errichten. Dies steht in Übereinstimmung mit der Beschreibung des Antichrists in Daniel 11,36-39: Dieser falsche Messias wird sich in vermessenem Hochmut eines noch nie gesehenen Genies über *alles* erheben – mit einer Ausnahme: *»Den Gott der Festungen«* wird er ehren (Dan 11,38).

Der Ausdruck »der Gott der Festungen« ist eine bekannte Bezeichnung für den römischen Hauptgott »Jupiter Capitolinus«. Der europäische Diktator wird sich als »Jupiter« verehren lassen! Sein Verbündeter, der Antichrist, wird diesen Kult durch ein Götzenbild fördern. Diesen Gräuel wird er auf dem Tempelplatz in Jerusalem vor dem Heiligtum aufstellen. Dadurch wird der Dritte Tempel verunreinigt werden, sodass die Priesterschaft in Jerusalem nicht mehr in der Lage sein wird, den Opferdienst weiterzuführen.

Auf dieses Ereignis deutet auch Daniel 12,11 hin: *»Und von der*

In diesem Bezirk wird der Antichrist die Vorhöfe des Dritten Tempels durch ein Götzenbild entweihen. Darüber hinaus wird er das Heiligtum Gottes durch sein infames Eindringen in dasselbe schänden.

Zeit an, da das beständige Opfer abgeschafft wird, und zwar um den verwüstenden Gräuel aufzustellen, sind 1290 Tage.«

Eine sprachliche Erklärung dazu: Der hebräische Ausdruck für »Gräuel«, »shiqqutz«, ist eine Bezeichnung für Götzen.[112]

Der Antichrist wird das wiederholen, was früher einmal der Syrer Antiochus IV. Epiphanes verübt hatte (im Dezember 167 v. Chr.). Dieses Ereignis, das die Freveltat des Antichrists in der Endzeit vorschattete, hatte Daniel in 8,11-14 und 11,31 seines Buches vorausgesagt.[113]

Mit dieser Schandtat wird sich der Antichrist keineswegs begnügen. Er wird sich in den Dritten Tempel setzen und sich

---

112 Vgl. *Koehler/Baumgartner, Hebräisches und aramäisches Lexikon zum Alten Testament*, Bd. IV, S. 1512.

113 Vgl. dazu: *Liebi, Weltgeschichte im Visier des Propheten Daniel*, S. 75-78 und 96-107.

selbst als Gott verehren lassen (2Thes 2,3-4). Der Überrest in Israel wird mit Entsetzen und Abscheu auf diese beiden Gräuel im Tempel reagieren. Die Masse des jüdischen Volkes wird sie jedoch in Loyalität zum Antichrist akzeptieren.

Das große Signal

Weil der Überrest das Neue Testament lesen wird, wird er sogleich wissen, wie er auf diesen Götzendienst auf dem Tempelplatz wird reagieren müssen. Der Herr Jesus sagte in seiner »Endzeitrede« in Matthäus 24,15-16.21-22:

»Wenn ihr nun den Gräuelgötzen der Verwüstung, von dem durch Daniel, den Propheten, geredet ist [Daniel 9,27b; 12,11], *stehen seht an heiligem Ort* [d.h. auf dem Tempelplatz in Jerusalem], *(wer es liest, der beachte es!), alsdann sollen die, die in Judäa sind, auf die Berge fliehen; […] denn alsdann wird große Drangsal sein, dergleichen von Anfang der Welt bis jetzt nicht gewesen ist, noch je sein wird; und wenn jene Tage nicht verkürzt würden* [d.h. von Gott nicht auf 3½ Jahre beschränkt würden], *so würde kein Fleisch gerettet werden* [d.h. so würde kein Mensch überleben können].«[114]

Der Überrest aus Israel wird die Schändung des Tempels durch den Antichrist auf keinen Fall hinnehmen. Diese Juden werden wissen, dass dies der Ausgangspunkt sein wird für die größte und katastrophalste militärische Eskalation der Weltgeschichte. Diese Zeit der »großen Drangsal« (vgl. dazu auch 5Mo 4,30; Jer 30,7; Dan 12,1; Zeph 1,14-18 usw.) wird genau 3½ Jahre dauern.[115] Es wird in diesen Tagen schlimmer sein als im Ersten und im Zweiten Weltkrieg! Die Menschheit wird an den Rand der Selbstauslöschung gelangen. *Ausgelöst wird diese Katastrophe durch*

114 A.d.H.: Eigene Übersetzung des Autors (so auch im Folgenden).

115 Vgl. Daniel 7,25; Offenbarung 11,2-3; 12,6.14; 13,5.

die Ereignisse auf dem Tempelplatz! Gott wird sein Volk zwar vor einer islamischen Rache wegen des Wiederaufbaus des Tempels bewahren – aber nur so lange, bis der Antichrist das Heiligtum auf schändliche Art entweihen wird.

Massenflucht aus Israel

Diese Schändung wird der größte Teil in Israel akzeptieren bzw. nicht als solche bewerten, weil die meisten den Antichrist als den verheißenen jüdischen Messias betrachten werden. Die antichristliche Tempelschändung wird aber für den Überrest, der mit dem Neuen Testament vertraut sein wird (!),[116] das Signal zur Massenflucht auf die Berge sein, um sich dann ins Ausland zu retten.

Die Berge Israels befinden sich zur Hauptsache im sogenannten besetzten Westjordanland. Der Überrest wird schließlich nach Jordanien fliehen, wo er bei Arabern (!), die an Jesus Christus glauben, Unterschlupf und Hilfe finden wird (vgl. Jes 16,3-4; »Moab« = Mitteljordanien).

Im Gegensatz zu der an früherer Stelle besprochenen Flucht, die im Jahr 70 den jüdischen Überrest vor dem Untergang gerettet hatte (Lk 21,20-21), wird in der Zukunft nur der Überrest aus *Judäa*[117] fliehen. Der Überrest in *Jerusalem* wird im Land

116 Vgl. die Bemerkung von Matthäus (24,15): »… *(wer es liest, der beachte es!)* …«
Es gibt übrigens zurzeit mehrere gute modernhebräische Ausgaben des Neuen Testaments: *Brith Chadashah, Brith Chadashah mevu'eret, Habrith Hachadashah, Haderekh.* Sie können z. B. bei der Israelischen Bibelgesellschaft erworben werden. Ferner sei noch auf eine jiddische Übersetzung hingewiesen: *Der Brith Chadashah.*

117 Einige sprachliche Bemerkungen zum Begriff »Judäa«:
a) Mit dieser geografischen Bezeichnung kann im engeren Sinn das Gebiet des ehemaligen Südreichs verstanden werden, das sich hauptsächlich mit dem Gebiet des »Stammes Juda« deckte.
b) In einem erweiterten Sinn kann »Judäa« aber auch das gesamte, von Juden bewohnte und beherrschte Gebiet des Heiligen Landes bezeichnen (vgl. *Burkhardt/Grünzweig/Laubach/Maier, Das große Bibellexikon*, Bd. II, S. 737).

zurückbleiben. In der genannten Lukas-Stelle wurde ausdrücklich der Überrest in Judäa *und in Jerusalem* zur Flucht aufgerufen. In Matthäus 24 und Markus 13, wo es um die Flucht in der Endzeit geht, wird Jerusalem nicht genannt. Nur »Judäa« wird zur Flucht bewogen. Auch dies ist wiederum ein nennenswerter Unterschied zwischen Lukas 21 und den so ähnlich klingenden Texten in Matthäus 24 und Markus 13, die aber mit dem erstgenannten nicht einfach gleichgesetzt werden dürfen.

Nicht am Sabbat und nicht im Winter

Der Herr Jesus ermahnte die den »Überrest« repräsentierenden Jünger, dafür zu beten, dass diese Flucht weder auf den Sabbat noch auf den Winter fallen würde (Mt 24,20).

Am Sabbat ist der öffentliche Verkehr in Israel praktisch lahmgelegt. Im Winter würde eine Flucht auf die Berge, insbesondere auf den in dieser Zeit schneebedeckten Hermon, höchst pro-

Auf den Anhöhen des Hermon finden sich selbst im Frühjahr noch Schneefelder.

blematisch sein. Man denke in diesem Zusammenhang an die dramatische Flucht der Kurden ins schneebedeckte Gebirge des Nord-Irak während des Golfkrieges!

Zur Bedeutung der Psalmen in dieser Zeit

Viele Psalmen (besonders diejenigen im 2. Buch derselben, die Psalmen 42–72) beschreiben die Gefühle des Überrestes auf der Flucht.

In Psalm 42 z.B. sieht man, wie der geflohene Überrest sich auf den Bergen (gebirgiges »Jordanland«, »Hermon« und »Mizhar«) befindet und sich nach dem Tempel sehnt:

»Daran will ich mich erinnern und in mir ausschütten meine Seele, wie ich einherzog in der Schar, mit ihnen schritt zum Haus Gottes, mit der Stimme des Jubels und des Lobes – eine feiernde Menge. [...] Mein Gott, es beugt sich nieder in mir meine Seele; darum denke ich an dich aus dem Land des Jordan und des Hermon, vom Berg Mizhar« (42,5.7).

In Psalm 43,3-5 hört man die Bitte um Rückkehr zum Tempel: *»Sende dein Licht und deine Wahrheit; sie sollen mich leiten, mich bringen zu deinem heiligen Berg und zu deinen Wohnungen. So werde ich kommen zum Altar Gottes, zu dem Gott, der meine Jubelfreude ist, und werde dich preisen mit der Laute, Gott, mein Gott! Was beugst du dich nieder, meine Seele, und was bist du unruhig in mir? Harre auf Gott, denn ich werde ihn noch preisen, der die Rettung meines Angesichts und mein Gott ist.«*

Die Psalmen werden für den Überrest eine Quelle großen Trostes sein in der nun folgenden schwersten Zeit von 3 ½ Jahren.

Jammer und Wehklage im Dritten Tempel

In Joel 1 wird darüber berichtet, wie es in Jerusalem zu großer Trauer kommen wird wegen der Verunreinigung des Tempels und wegen der Verwüstung des Landes Israel, die unmittelbar darauf durch den schrecklichsten Krieg aller Zeiten für Israel verursacht werden wird (1,8-9.13-16):

»Wehklage wie eine Jungfrau, die wegen des Gatten ihrer Jugend mit Sacktuch umgürtet ist! Speisopfer und Trankopfer sind weggenommen vom Haus des Ewigen; es trauern die Priester, die Diener des Ewigen. […] Umgürtet euch und wehklagt, ihr Priester; heult, ihr Diener des Altars! Kommt, übernachtet in Sacktuch, ihr Diener meines Gottes! Denn Speisopfer und Trankopfer sind dem Haus eures Gottes entzogen. Heiligt ein Fasten, ruft eine Festversammlung aus; versammelt die Ältesten, alle Bewohner des Landes zum Haus des Ewigen, eures Gottes, und schreit zu dem Ewigen! Ach, welch ein Tag! Denn nahe ist der Tag des Ewigen, und er kommt wie eine Verwüstung von dem Allmächtigen. Ist nicht die Speise vor unseren Augen weggenommen, Freude und Frohlocken vom Haus unseres Gottes?«

Konfrontation mit Ägypten

Der Verlauf der Hauptereignisse im Nahen Osten, die auf die Verunreinigung des Tempels in Jerusalem folgen werden, wird in Daniel 11 ganz präzise beschrieben. Man kann anhand dieser Angaben einen genauen Schlachtplan zeichnen.

Zunächst jedoch einige Vorbemerkungen: Wie schon an früherer Stelle gesagt, hat sich Daniel 11,1-35 in der Vergangenheit längst erfüllt. Es handelt sich um über 150 in der Weltgeschichte wörtlich erfüllte Prophezeiungen.[118] Alles, was in den Versen 36-45

118 Vgl. *Liebi, Weltgeschichte im Visier des Propheten Daniel*, S. 79-107.

beschrieben wird, liegt aber noch in der Zukunft. Die Verse 35 und 40 machen klar, dass dieser letzte Abschnitt sich auf die letzte Zeit vor dem Erscheinen des Reiches Gottes bezieht: Es geht um »die Zeit des Endes«.

Die Verse 36-39 sind eine Beschreibung des Antichrists. Er wird dort schlicht »der König« genannt.[119]

In Vers 40 heißt es: »*Und zur Zeit des Endes wird der ›König des Südens‹ mit ihm zusammenstoßen …*« (Anführungszeichen hinzugefügt).

Der Ausdruck »der König des Südens« ist einfach zu deuten. In der erfüllten Prophetie (Dan 11,5ff.) war dieser Begriff immer eine Bezeichnung für »Ägypten« (vgl. insbesondere Dan 11,8). Es wird zu einer militärischen Konfrontation mit Ägypten kommen! Dadurch wird die israelische Armee im Süden abgelenkt werden.

Die syrische Attacke

Daniel 11,40-41 fährt fort:

»*… und der König des Nordens wird gegen ihn* [d. h. den Antichrist] *anstürmen mit Wagen und mit Reitern und mit vielen Schiffen; und er wird in die Länder eindringen und wird sie überschwemmen und überfluten. Und er wird ins Land der Zierde* [d. i. Israel; vgl. Hes 20,6] *eindringen, und viele Länder werden zu Fall kommen …*«

Auch der Ausdruck »der König des Nordens« ist, wie ich an früherer Stelle schon gesagt habe, unschwer zu deuten: In der

119 Es handelt sich hier um eine bemerkenswerte Tatsache. Dieser Titel erscheint in Daniel 11 sonst nie in dieser Form. Konsequent wird Syrien »der König des Nordens« und Ägypten »der König des Südens« genannt. Der Begriff »König« stellt somit im Kontext des Kapitels eine, wie man das in der Linguistik nennt, »Opposition« dar, wodurch zum Ausdruck kommt, dass es hier um einen Herrscher geht, der von denen aus Syrien und Ägypten zu unterscheiden ist.

erfüllten Prophetie (Dan 11,5ff.) war dieser Begriff immer eine Bezeichnung für »Syrien«, allerdings genau genommen für »Großsyrien«, das ein enormes Gebiet von Syien/Libanon bis nach Pakistan umfasste.[120] Der Begriff »Großsyrien« umfasst in diesem Zusammenhang das gesamte Gebiet von Syrien, Libanon über Gebiete hinweg, die heute zu Turkmenistan, Usbekistan, Tadschikistan, Afghanistan, Irak sowie zur Türkei und zum Iran gehören. Damit wird klar, dass die *islamische Welt* noch zu einem tödlichen Schlag gegen Israel ausholen wird.

Bei den vorexilischen Propheten (z. B. Jesaja und Micha) wird »der König des Nordens« »Assyrien« bzw. »Assur« genannt. Man muss allerdings gut aufpassen: Man darf den Begriff »Assyrien/Assur« nicht mit der Koalition aus dem »äußersten Norden«, wie sie in Hesekiel 38 und 39 beschrieben wird (siehe besonders 38,15 und 39,2), verwechseln.[121] Hesekiel 38 und 39 sprechen von einem Angriff auf Israel, der zeitlich eindeutig nach dem Angriff des Königs des Nordens erfolgen wird.[122]

Somit wird es augenscheinlich: Großsyrien wird Israel in der Zukunft völlig überrennen und verwüsten.

Diese schreckliche Attacke wird zusammen mit vielen verbündeten Völkern stattfinden.[123] Dadurch wird diese Angriffsarmee extrem groß und stark sein. Es gibt viele Stellen im Alten Testament, die von diesem grauenhaften Nahostkrieg reden.[124]

In Joel 2,2b-6 heißt es: »*Wie die Morgendämmerung ist es ausgebreitet über die Berge, ein großes und mächtiges Volk, wie seinesgleichen von Ewigkeit her nicht gewesen ist und nach ihm nicht mehr sein wird bis in die Jahre der Geschlechter und Geschlechter.*

120 Vgl. *Liebi, Weltgeschichte im Visier des Propheten Daniel*, S. 79-107.

121 Die Koalition aus dem »äußersten Norden« (hebr. »jarqetej hazaphon«) darf aber nicht mit dem »König des Nordens« (hebr. »melekh hazaphon«) in Daniel 11,40ff. gleichgesetzt werden.

122 Vgl. *Liebi, Der Prophet Hesekiel*, S. 161-165.

123 Vgl. z. B. Sacharja 12,2-3; Psalm 83,2-9; Joel 4,11 usw.

124 Z. B. Jesaja 28,14-22; 29,1-14; Sacharja 14; Joel 1 – 2; Zephanja 1 u. a.

Vor ihm her verzehrt das Feuer, und hinter ihm lodert die Flamme; vor ihm ist das Land wie der Garten Eden,[125] *und hinter ihm eine öde Wüste, und auch keine Entronnenen lässt es übrig. […] Sie sind wie ein mächtiges Volk, zum Kampf gerüstet. Vor ihm zittern die Völker, alle Angesichter erblassen.«*

Die islamische Rache für den Dritten Tempel

Dieser Krieg wird die Rache für den jüdischen Tempelbau in Jerusalem sein. Das Kampfmotto der in Psalm 83,7-9 genannten arabischen Völker wird im 13. Vers genannt:

»Lasst uns in Besitz nehmen die Wohnungen Gottes!«

Doch Folgendes ist dabei zu beachten: Dieser katastrophale Rachefeldzug wird erst möglich sein, nachdem die Masse in Israel den Götzendienst des Antichrists akzeptieren und gutheißen wird. Israel ist von der Staatsgründung an (1948) bis heute auf erstaunliche Art in sechs Existenzkriegen bewahrt geblieben.[126] Diese übernatürliche Bewahrung wird weiter anhalten – bis sie mit dem Götzendienst in Jerusalem wegfallen bzw. nur noch auf den gläubigen Überrest Israels beschränkt werden wird.

Daniel 9,27b drückt es wie folgt aus: »*Wegen der Beschirmung der Gräuel wird ein Verwüster kommen, und zwar bis Vernichtung und Festbeschlossenes über das Verwüstete ausgegossen werden.«*

Hier wird der Grund für die Verwüstung Israels durch Syrien genannt: Weil die Angehörigen des Volkes die Gräuel (Plural!), das Götzenbild des Diktators auf dem Tempelplatz und des Anti-

---

125 Das Land Israel war viele Jahrhunderte lang eine Wüste. Wenn die Prophetie von Joel 2 in Erfüllung gehen wird, muss das Land allerdings wieder herrlich blühen. Dieser Wechsel von einer Wüste zu einem blühenden Land hat sich seit dem 20. Jahrhundert bereits vollzogen!

126 Unabhängigkeitskrieg (1948/1949), Sinaifeldzug (1956/1957), Sechs-Tage-Krieg (1967), Jom-Kippur-Krieg (1973), Libanon-Feldzug (1982) und Golfkrieg (1991).

christs im Tempel, akzeptieren werden, wird die syrische Invasion als unabwendbares Gericht Gottes über Israel kommen.

Jerusalem erobert

Es wird zur Eroberung Jerusalems kommen. Der Ewige spricht in Sacharja 12,2:

»Siehe, ich mache Jerusalem zu einer Taumelschale für alle Völker ringsum; und auch über Juda wird es kommen bei der Belagerung von Jerusalem.«

Eine »Taumelschale« ist ein Trinkgefäß, dessen alkoholischer Inhalt betrunken macht. Der fanatische Drang nach Jerusalem wird allen Völkern rund um Israel her jegliches objektive Denken rauben, sodass sie sich in einer wahren Besessenheit auf diese Stadt losstürzen werden.

In Sacharja 14,1-2 wird Jerusalem direkt angesprochen: *»Siehe, ein Tag kommt für den Ewigen, da wird deine Beute in deiner Mitte verteilt werden. Und ich werde alle Nationen* [d.h. alle Nationen ringsum; vgl. 12,2] *nach Jerusalem zum Krieg versammeln; und die Stadt wird eingenommen und die Häuser werden geplündert und die Frauen vergewaltigt werden; und die Hälfte der Stadt wird in die Gefangenschaft ausziehen, aber das übrige Volk wird nicht aus der Stadt ausgerottet werden.«*

Anschaulich wird die Eroberung Jerusalems in Joel 2,7-9 beschrieben:

»Sie rennen wie Helden, wie Kriegsleute [es tun], *ersteigen sie die Mauer […] und sie stürzen zwischen den Waffen hindurch und verwunden sich nicht. Sie laufen in der Stadt umher, rennen auf die Mauer, steigen in die Häuser; durch die Fenster dringen sie ein wie der Dieb.«*

Jesaja hat diesen Krieg den Bewohnern von Jerusalem gegenüber wie folgt geschildert (28,18-19):

»Und euer Bund mit dem Tod [= der ›kommende Fürst‹] *wird zunichtewerden, und euer Vertrag mit dem Scheol* [= ›Totenreich‹, hier eine Bezeichnung für das wiederhergestellte Römische Reich] *nicht bestehen* [d.h. das Sicherheitsbündnis mit dem Westen wird die erhoffte Bewahrung nicht bringen]*: Wenn die überflutende Geißel* [= Syrien; vgl. Dan 11,40: ›überschwemmen und überfluten‹] *hindurchfährt, so werdet ihr von ihr zertreten werden. Sooft sie hindurchfährt, wird sie euch wegraffen; denn jeden Morgen wird sie hindurchfahren,* [zu jeder Zeit] *bei Tag und bei Nacht. Und es wird nichts als Schrecken sein, die Botschaft zu vernehmen.«*

Aufruf zur Umkehr

Selbst in dieser Not gibt es für Israel noch einen Aufruf zur Umkehr (Joe 2,12-17):

»Aber auch jetzt noch, spricht der Ewige, kehrt um zu mir mit eurem ganzen Herzen und mit Fasten und mit Weinen und mit Klagen. Und zerreißt euer Herz und nicht eure Kleider, und kehrt um zu dem Ewigen, eurem Gott; denn er ist gnädig und barmherzig, langsam zum Zorn und groß an Güte, und lässt sich des Übels gereuen. Wer weiß? Er möchte umkehren und es sich gereuen lassen, und er möchte Segen hinter sich zurücklassen: Speisopfer und Trankopfer für den Ewigen, euren Gott. Stoßt in die Schopharhörner auf Zion [d.h. auf dem Tempelberg], *heiligt ein Fasten, ruft eine Festversammlung aus! Versammelt das Volk, heiligt eine Versammlung, bringt die Ältesten zusammen, versammelt die Kinder und die Säuglinge an den Brüsten; der Bräutigam trete aus seiner Kammer und die Braut aus ihrem Gemach! Die Priester, die Diener des Ewigen, sollen weinen zwischen der Tempel-Vorhalle und dem Altar und sprechen: Bitte, Ewiger, schone deines Volkes und gib nicht dein Erbteil der Schmähung hin, dass sie den Nationen zur*

Spottrede seien! Warum soll man unter den Völkern sagen: Wo ist ihr Gott?«[127]

Ein erschütterndes Fazit

Der syrische Feldzug wird für das jüdische Volk im Heiligen Land eine unfassbare Katastrophe verursachen. In Sacharja 13,8 wird berichtet, dass zwei Drittel der Bevölkerung in Israel dadurch ausgelöscht werden:

»Und es wird geschehen im ganzen Land, spricht der Ewige: Zwei Teile davon werden ausgerottet werden und verscheiden, aber der dritte Teil davon wird übrig bleiben.«

Syriens Invasion in Ägypten

Syrien wird versuchen, durch diesen Krieg die totale Vorherrschaft im Nahen Osten zu erringen. In Daniel 11,40b-43 heißt es:

»... und er [d.h. ›der König des Nordens‹] *wird in die Länder eindringen und wird sie überschwemmen und überfluten. Und er wird in das Land der Zierde* [= Israel; vgl. Hesekiel 20,6] *eindringen, und viele Länder werden zu Fall kommen; diese aber werden seiner Hand entrinnen: Edom* [= Südjordanien], *Moab* [= Mitteljordanien] *und die Vornehmsten der Söhne Ammons* [= Nordjordanien; vgl. den Städtenamen ›Amman‹]. *Und er wird seine Hand an die Länder legen, und das Land Ägypten wird nicht entrinnen; und er wird die Schätze an Gold und Silber und alle Kostbarkeiten Ägyptens in seine Gewalt bringen, und Libyer und Kuschiter* [›Kusch‹ umfasste in der Antike das Gebiet südlich von

127 A. d. H.: Eigene Übersetzung des Autors.

Ägypten, d. h. das Gebiet des heutigen Sudan] *werden in seinem Gefolge sein.*«[128]

Nach der Eroberung des Landes Israel und anderer Gebiete im Nahen Osten wird Syrien mit Unterstützung an der West- und Südfront durch Libyen und den Sudan auch noch Ägypten in seine Gewalt bringen.

Schreckensnachrichten aus dem Norden und dem Osten

In Ägypten wird Syrien plötzlich Schreckensnachrichten hören (11,44):

»*Aber Gerüchte von Osten und von Norden her werden ihn erschrecken …*«

Was kann das Gerücht aus dem Norden wohl zu bedeuten haben?

Der mit dem Antichrist verbündete Westen wird seine Streitkräfte in den Nahen Osten verschieben, um zugunsten Israels zu intervenieren.[129] Die Armeen des wiedererstandenen Römischen Reiches werden gemäß Offenbarung 16,16 in Harmagedon aufmarschieren:

»*Und er versammelte sie an den Ort, der auf Hebräisch Harmagedon heißt.*«

Harmagedon ist eine Ebene im Norden Israels. Man nennt sie auch Ebene Jesreel. Sie umfasst eine Fläche von etwa 740 km². Dieses Gebiet ist sehr geeignet für einen Großaufmarsch: Der große Militärhafen Israels befindet sich in Haifa, also ganz in der Nähe dieser Talebene. Hinzu kommt der beeindruckende Umstand, dass einer der größten Militärflughäfen Israels mit Startpisten in alle vier Himmelsrichtungen heute ausgerechnet in Harmagedon liegt.

---

128 A. d. H.: Eigene Übersetzung des Autors.

129 Vgl. dazu ausführlicher: *Liebi, Das neue Europa – Hoffnung oder Illusion?*.

Worum mag es sich bei dem erschreckenden Gerücht aus dem Osten handeln? In diesem Zusammenhang müssen besonders zwei Interventionen aus dem Osten, die in diese Zeit fallen werden, ins Auge gefasst werden:

1. In Offenbarung 16,12 wird über einen Aufmarsch der »Könige … von Sonnenaufgang her« berichtet. Diese östliche Intervention fällt in die Zeit des westlichen Aufmarsches (Offb 16,13-16). Allerdings werden diese Militärmächte aus dem Osten in der Offenbarung nicht näher bezeichnet. Der Versuch einer genaueren Identifikation wäre daher bloße Spekulation. Deshalb verzichten auch wir darauf und bleiben einfach bei der biblischen Aussage.
2. Am Ende der »großen Drangsal« von 3 ½ Jahren wird der geflohene Überrest aus Juda wieder von Osten her ins Land zurückkehren und aktiv und mit überwältigendem Erfolg im Kampf gegen die syrische Koalition vorgehen (Joe 4,11; Mi 5,4-8; Sach 9,11-17; 10,3-6; 12,4-7; 14,14). In Sacharja 10,3.5-6a lesen wir:
   »*… denn der Ewige der Heerscharen wird sich seiner Herde, des Hauses Juda, annehmen und sie wie sein Prachtross im Kampf machen. […] Und sie werden wie Helden sein, die den Kot der Straßen im Kampf zertreten; und sie werden kämpfen, denn der Ewige ist mit ihnen. […] Und ich* [d. i. Gott] *werde das Haus Juda stärken …*«

Positionsfestigung in Israel

Diese den Kriegsverlauf bedrohenden Ereignisse werden Syrien dazu bringen, sofort den Versuch zu starten, die militärische Position in Israel zu festigen (Dan 11,44b-45):

»*… und er* [der ›König des Nordens‹] *wird ausziehen in gro-*

ßem Grimm, um viele zu vernichten und zu vertilgen. Und er wird seine Palastzelte aufschlagen zwischen dem Meer [wörtlich: ›den Meeren‹, hebr. Bezeichnung für das große Meer, d. h. für das Mittelmeer] *und dem Berg der heiligen Zierde* [= dem Tempelberg in Jerusalem].«

Die syrische Koalition wird sich somit, südlich von Harmagedon, zwischen dem Mittelmeer und Jerusalem festsetzen. Das Ziel dabei ist klar: Das eroberte Jerusalem soll um jeden Preis festgehalten werden. In einem zweiten Kampf wird erbittert um Jerusalem gefochten werden. Jerusalem wird in die größte Bedrängnis kommen.

Doch gemäß Daniel 11,45b wird Syrien mit seinen Verbündeten beim zweiten Kampf um Jerusalem[130] die entscheidende Niederlage erleiden:

»*Und er* [der ›König des Nordens‹] *wird zu seinem Ende kommen, und niemand wird ihm helfen.*«

Der Messias greift ein

Auf dem Höhepunkt der Not Jerusalems wird plötzlich der Messias, der zuvor so verachtete Mann aus Galiläa, erscheinen (Sach 14,3-4a):

»*Und der Ewige wird ausziehen und gegen jene Nationen kämpfen, wie an dem Tag, da er kämpft, an dem Tag der Schlacht. Und seine Füße werden an jenem Tag auf dem Ölberg stehen, der vor Jerusalem im Osten liegt …*«

130 Die beiden Kämpfe um Jerusalem können in den prophetischen Texten, die davon handeln, leicht unterschieden werden, wenn z. B. folgenden Gegebenheiten Rechnung getragen wird:
Beim ersten Kampf kommt der Feind von Norden her, beim zweiten von Süden. Bei der ersten Belagerung kommt Jerusalem in eine hoffnungslose Lage ohne Hilfe, bei der zweiten wird diese geplagte Stadt durch die Intervention des Ewigen befreit werden.

Der Messias Jesus wird auf dem Ölberg, gegenüber vom Tempelberg, erscheinen und in die Kämpfe um Jerusalem eingreifen.

Der Herr Jesus Christus wird in die Kämpfe um Jerusalem eingreifen, indem er auf dem Ölberg, der gegenüber vom Tempelberg liegt, erscheinen wird.

In dem eben zitierten Vers wird der Messias als »der Ewige« bezeichnet. Dies dokumentiert seine Gottheit ausdrücklich.

Zur Gottheit des Messias

Im Sinne eines kurzen Exkurses sei hier zum Thema »Gottheit und Menschheit des Messias« auf einige weitere alttestamentliche (!) Stellen verwiesen:

In Jesaja 9,5 wird er sowohl als *»Kind«*, das geboren worden ist, wie auch als *»starker Gott«* (hebr. »el gibbor«) bezeichnet (zur messianischen Interpretation dieser Stelle im Judentum vgl. *Babylonischer Talmud,* Derekh eretz zutha, pereq 10).

Micha 5,1 wurde z. B. im Targum Jonathan und im Jerusalemer Talmud (Brakhoth 5a) klar als messianische Prophetie interpretiert. Hier wird vom Messias gesagt, dass er aus *Bethlehem* stammen würde (dies weist auf seine Menschheit hin). Zugleich wird aber auch mitgeteilt, dass seine Ausgänge von den Tagen der *Ewigkeit* her seien (dies bezeugt seine Gottheit).

In Sacharja 12 spricht »der Ewige« (vgl. Vers 1). In Vers 10 bezeugt er, der Ewige (!), die Tatsache, dass er »durchbohrt« worden sei. Beim Ausdruck »der Ewige« geht es um die Gottheit, die Durchbohrung hingegen steht in Verbindung mit dem Menschsein derselben Person.

Aus folgenden Stellen geht zudem hervor, dass in dem *einen* Gott (5Mo 6,4) eine Pluralität von Personen besteht:

Psalm 45,7-8 (Zu »Gott« wird gesagt: »*Dein Gott* [hat] dich gesalbt …« [Hervorhebung hinzugefügt]); Sacharja 2,12-13; 2,14-15 und 6,9-15 (Der Ewige sendet den Ewigen!); Sacharja 12 (Im ganzen Kapitel spricht ununterbrochen der Ewige bzw. »der HERR« [vgl. Vers 1]), dennoch wechselt in Vers 10b die Person.); Hosea 1,2.7 (Der Ewige rettet durch den Ewigen, ihren Gott.) usw.

Der Kampf des Messias um Jerusalem

Auch in Jesaja 29,1-8 wird die Intervention des Messias für Jerusalem beschrieben. Jerusalem wird dort poetisch »Ari'el« (= Gottes Herd; vgl. Hes 43,15-17) genannt. Diese Bezeichnung für den Brandopferaltar auf dem Tempelberg wird hier als Name für die Stadt Jerusalem gebraucht. Gott ruft:

»*Wehe Ariel, Ariel, Stadt, wo David lagerte! […] Und ich werde Ariel bedrängen* [d. h. durch die syrische Koalition], *und es wird Seufzen und Stöhnen geben. Und sie wird mir sein wie ein Ariel* [d. h. so blutig, rauchend und brennend wie ein Altar]. *Und ich werde dich im Kreise umlagern und dich mit einer Heeres-*

aufstellung einschließen und Belagerungswerke gegen dich aufrichten. Und erniedrigt wirst du aus der Erde reden, und deine Sprache wird dumpf aus dem Staub ertönen. […] Aber wie feiner Staub wird die Menge deiner Feinde sein, und wie dahinfahrende Spreu die Menge der Gewaltigen; und in einem Augenblick, plötzlich wird es geschehen. Vonseiten des Ewigen der Heerscharen wird sie [d.i. Jerusalem] *heimgesucht werden* [d.h. Gott wird sich der Not Jerusalems annehmen] *mit Donner und mit Erdbeben und großem Getöse – Sturmwind und Gewitter und eine Flamme verzehrenden Feuers. Und wie ein Traum in der Nacht wird die Menge all der Nationen sein, die Krieg führen gegen Ariel, und alle, die ihre Festung bestürmen und sie bedrängen. Und es wird geschehen, gleichwie der Hungrige träumt, und siehe, er isst – und er wacht auf, und seine Seele ist leer; und gleichwie der Durstige träumt, und siehe, er trinkt – und er wacht auf, und siehe, er ist matt und seine Seele lechzt: Also wird die Menge all der Nationen sein, die Krieg führen gegen den Berg Zion* [d.h. gegen den Tempelberg].«[131]

Auch Jesaja 30 spricht von der Wiederkunft des Ewigen in Jerusalem (30,27-28a.30-31):

»Siehe, der Name des Ewigen kommt von fern her. Sein Zorn brennt, und der aufsteigende Rauch ist gewaltig; seine Lippen sind voll Grimm, und seine Zunge ist wie ein verzehrendes Feuer und sein Odem wie ein überflutender Bach, der bis an den Hals reicht. […] Und der Ewige wird hören lassen die Majestät seiner Stimme und sehen lassen das Herabfahren seines Armes mit Zornesschnauben und einer Flamme verzehrenden Feuers – Wolkenbruch und Regenguss und Hagelsteine. Denn von der Stimme des Ewigen wird Assur [d.i. die syrische Koalition] *zerschmettert werden, wenn er mit dem Stock schlägt …«*

Besonders erwähnenswert in Verbindung mit der letztendlichen Befreiung Jerusalems ist die Stelle in Jesaja 31,4-5:

131 A.d.H.: Eigene Übersetzung des Autors; vgl. UELB.

»Denn so hat der Ewige zu mir gesprochen: Wie der Löwe und der junge Löwe, gegen den die Menge der Hirten zusammengerufen wird, über seinem Raub knurrt, vor ihrer Stimme nicht erschrickt und sich vor ihrem Lärmen nicht ergibt, so wird der Ewige der Heerscharen herabsteigen, um auf dem Berg Zion und auf seinem Hügel [d.h. auf dem Tempelberg] *Krieg zu führen. Wie schwirrende Vögel, so wird der Ewige der Heerscharen Jerusalem beschirmen: beschirmen und erretten, verschonen und befreien.«*

Die Endschlacht um Jerusalem

Die letzten Kämpfe um Jerusalem werden insbesondere im »Tal Josaphat« ausgefochten werden. Das »Tal Josaphat« ist nach jüdischer und alter christlicher Überlieferung eine andere Be-

Das »Tal Josaphat«, das zwischen dem Ölberg und dem Tempelberg liegt, wird in den Schlusskämpfen um Jerusalem eine zentrale Rolle spielen.

zeichnung für das Kidrontal, das zwischen dem Tempelberg und dem Ölberg liegt. Der hebräische Name »Josaphat« bedeutet »der Ewige hält Gericht«.

Die Schlussphase des Kampfes um Jerusalem wird in Joel 4 lebendig und aufregend geschildert:

«Ruft dies aus unter den Nationen, heiligt einen Krieg, erweckt die Helden; alle Kriegsmänner sollen herankommen und heraufziehen! […] Eilt und kommt her, alle ihr Nationen ringsum, und versammelt euch! Dahin, Ewiger, sende deine Helden [d.h. den Überrest aus Judäa] *hinab! Die Nationen sollen sich aufmachen und hinabziehen in das Tal Josaphat; denn dort werde ich sitzen, um alle Nationen ringsum zu richten. […] Getümmel, Getümmel im Tal der Entscheidung; denn nahe ist der Tag des Ewigen. Die Sonne und der Mond verfinstern sich, und die Sterne verhalten ihren Glanz. Und der Ewige brüllt aus Zion* [d.h. wie ein kämpfender Löwe] *und lässt aus Jerusalem seine Stimme erschallen, und Himmel und Erde erbeben. Und der Ewige ist eine Zuflucht für sein Volk und eine Feste für die Kinder Israel. Und ihr werdet erkennen, dass ich, der Ewige, euer Gott bin, der auf Zion wohnt, meinem heiligen Berg. Und Jerusalem wird heilig sein, und Fremde werden es nicht mehr durchziehen«*[132] (4,9.11-12.14-17).

Joels zeitliche Hinweise

In diesem Zusammenhang ist die zeitliche Angabe bezüglich dieser Ereignisse in Joel 4,1ff. geradezu spektakulär:

»Denn siehe, in jenen Tagen und zu jener Zeit, ***wenn*** *ich die Gefangenschaft* [das Schicksal] *Judas und Jerusalems wenden werde,* ***dann*** *werde ich alle Nationen versammeln und sie in das Tal*

132 A. d. H.: Eigene Übersetzung des Autors (so auch im Folgenden). Die Hervorhebung im zweiten Zitat ist hinzugefügt worden.

Josaphat hinabführen; und ich werde dort mit ihnen rechten über mein Volk und mein Erbteil Israel, das sie unter die Nationen zerstreut haben; und mein Land haben sie geteilt und über mein Volk das Los geworfen ...«

Der Ausdruck »die Gefangenschaft [oder: das Schicksal] Judas und Jerusalems wenden« ist eine für das Bibelhebräische typische Redensart. Sie bezieht sich auf die Rückführung der Juden aus der weltweiten Verbannung und Zerstreuung heim in ihr Land, mit dem Ziel, ihr elendes Los endgültig zum Guten zu wenden (vgl. 5Mo 30,3; Ps 14,7; 53,7; 85,2; 126,1-4; Jer 30,18; 31,23; 32,44; 33,7.11; Hes 39,25; Hos 6,11; Am 9,14; Zeph 2,7). Ich habe wiederholt darauf hingewiesen, dass dieser Prozess der Wende des jüdischen Schicksals bereits am Ende des 19. Jahrhunderts, insbesondere seit dem Einsetzen der ersten größeren Einwanderungswelle (hebr. »Alijah«) ab 1882, seinen Anfang genommen hat und noch immer andauert. Wir leben demnach in der Periode, in der »die Gefangenschaft [das Schicksal] Judas und Jerusalems« gewendet wird.

Interessant ist nun die Feststellung, *dass Joel die Wiederkunft des Messias und seine Übernahme der Herrschaft in Jerusalem ganz deutlich mit unserer geschichtlichen Ära in Verbindung bringt (»in jenen Tagen und zu jener Zeit«)!* Es ist absolut unmöglich, den Zeitpunkt der Wiederkunft Christi zu berechnen, aber *die Zeichen der Zeit* (vgl. Mt 16,1-4) sind klar genug, um erkennen zu können, dass wir, um in geschichtlichen Dimensionen zu sprechen, geradewegs auf dieses gewaltige Ereignis hinsteuern.

Die Wundmale des Messias

Im Propheten Sacharja wird so bewegend beschrieben, wie der Messias reagieren wird, wenn man ihn nach seinen Nägelmalen in seinen Händen fragen wird. Sie werden nämlich auch dann, wie nach seiner Auferstehung (Joh 20,20.24-29), immer noch sichtbar sein. In Sacharja 13,6 steht:

»Und wenn jemand zu ihm spricht: Was sind das für Wunden in deinen Händen?, so wird er sagen: Es sind die Wunden, womit ich geschlagen worden bin im Haus [d.h. unter dem Volk] *derer, die mich lieben.«*

Er wird so antworten, weil er weiß, dass alle aus dem Überrest, die die »große Drangsal« überleben werden, ihn, den einst Verachteten und Verkannten, auch wirklich lieben werden.

Die Angehörigen des Überrestes aus Israel werden sich in dieser Zeit beim Anblick des Messias Worte aus dem Propheten Jesaja zu eigen machen. Sie werden daran denken, wie er bei seinem Ersten Kommen empfangen worden war (53,2b-5):

»Er hatte keine Gestalt und keine Pracht; und als wir ihn sahen, da hatte er kein Aussehen, dass wir ihn begehrt hätten. Er war verachtet und verlassen von den Menschen, ein Mann der Schmerzen und mit Leiden vertraut, und wie einer, vor dem man das Angesicht verbirgt; er war verachtet, und wir haben ihn für nichts geachtet. Doch er *hat unsere Leiden getragen, und unsere Schmerzen hat er auf sich geladen. Und wir, wir hielten ihn für bestraft, von Gott geschlagen und niedergebeugt; doch um unserer Übertretungen willen war er verwundet, um unserer Ungerechtigkeiten willen zerschlagen. Die Strafe zu unserem Frieden lag auf ihm, und durch seine Striemen ist uns Heilung geworden.«*

Die Überlebenden aus Israel

Nur ein Drittel der Bevölkerung Israels wird all diese Ereignisse überleben, wie wir schon aufgrund von Sacharja 13,8 gesehen haben. Bei diesem Drittel wird es sich ausschließlich um solche handeln, die zum »Überrest« aus Israel gehören werden. Sacharja 13,9 besagt:

»Und ich werde den dritten Teil ins Feuer bringen, und ich werde sie läutern, wie man das Silber läutert, und sie prüfen, wie man das Gold prüft. Es wird meinen Namen anrufen, und ich werde ihm antworten; ich werde sagen: Es ist mein Volk; und es wird sagen: Der Ewige ist mein Gott.«

Auf diese dramatische Art und Weise wird sich erfüllen, was der Römerbrief versprochen hat (11,26): »... *und so wird ganz Israel errettet werden, wie geschrieben steht* [vgl. Jes 59,20]: *›Aus Zion wird der Erretter kommen, er wird die Gottlosigkeiten von Jakob abwenden ...‹«*

Der »*Überrest*« wird schließlich »*ganz Israel*« ausmachen. Alle Übrigen werden durch die kommenden Gerichte, durch »die Geburtswehen des Messias« (hebr. »chevlo shel Mashiach«), wie diese Schreckenszeit im *Babylonischen Talmud* genannt wird (Shabbath 118a; vgl. Mt 24,8), weggerafft werden.

Das große nationale Sündenbekenntnis

In Jerusalem und im ganzen Land Israel wird es zu einer nationalen Wehklage kommen (Sach 12,10-12a):

»Und ich werde über das Haus Davids und über die Bewohner von Jerusalem den Geist der Gnade und des Flehens ausgießen; und sie werden auf mich blicken, den sie durchbohrt haben.

Und sie werden über ihn wehklagen gleich der Wehklage über den Eingeborenen und bitterlich über ihn Leid tragen, wie man bitterlich über den Erstgeborenen Leid trägt. An jenem Tag wird die Wehklage in Jerusalem groß sein, wie die Wehklage von Hadad-Rimmon im Tal Megiddo. Und wehklagen wird das Land, jede Sippe für sich ...«[133]

133 A. d. H.: Eigene Übersetzung des Autors; vgl. UELB.

Wie erstaunlich! Bei dieser Wehklage wird es sich um eine *Totenklage* handeln über jemanden, der *lebt!*

Jesus Christus ist zwar am Kreuz gestorben. Doch am dritten Tag ist er aus seinem Felsengrab, nahe bei den Stadtmauern von Jerusalem, siegreich auferstanden. Mehr als 500 Augenzeugen verbürgen für die historische Tatsache der körperlichen Auferstehung des Messias Jesus. Bei dieser zukünftigen Wehklage in Jerusalem wird der Triumph des Gekreuzigten besonders eindrücklich vor den Augen des Überrestes aus Israel stehen.[134]

Es mag sehr überraschen, doch es ist eine erstaunliche Tatsache: Sacharja 12,10ff. ist in der rabbinischen Literatur an verschiedenen Stellen messianisch gedeutet worden (*Babylonischer Talmud*, Sukkah 52a; *Jerusalemer Talmud*, Sukkah 55a; sowie auch bei den großen rabbinischen Kommentatoren Abrabanel, Rashi und Radaq)!

Jeder steht einzeln vor Gott

Nach Sacharja 12,12-14 werden die Frauen und die Männer bei dieser öffentlichen Wehklage getrennt beten. Das entspricht genau der Sitte, nach der an der Klagemauer gebetet wird. Männer und Frauen sind durch eine Abschrankung abgetrennt.

Diese Bemerkung im Propheten Sacharja hat etwas zu bedeuten: Jeder Einzelne wird allein vor Gott stehen, seine Sünden bekennen und über die Verwerfung des Messias klagen.

Es gibt viele Frauen, die keine persönliche Beziehung zu Gott haben. Sie führen ihr Leben gestützt auf das »Glaubenskonto« ihres Ehemannes. Umgekehrt gibt es das Entsprechende bei vielen Männern. Doch die Umkehr zu Gott ist *eine ganz persönliche*

134 Zur Glaubwürdigkeit der Auferstehung Jesu Christi vgl.: *McDowell, Die Tatsache der Auferstehung*; *Steinmeister, Auferstehung – Realität oder Illusion?*.

Angelegenheit, die jeder Einzelne aus eigenem Wollen vollziehen sollte. Es ist auch so, dass Eltern nicht für ihre Kinder und Kinder nicht für ihre Eltern zu dem Ewigen umkehren können. Diese Worte aus dem Sacharja-Buch weisen uns gewissermaßen auf die Wichtigkeit der *persönlichen Beziehung zu Gott* hin.

Zu den 75 Tagen nach der »großen Drangsalszeit«

Die 3½ Jahre der »großen Drangsalszeit« werden als lunisolare Jahre (Mond-Sonnenjahre) genau 1260 Tage dauern (vgl. Offb 11,3). Gott hat in jeder Not sein genaues »Timing«! Das gilt für alle Zeiten.

Am Ende dieser 1260 Tage wird der Herr Jesus intervenieren, um die Totalauslöschung der Menschheit zu verhindern (Mt 24,22). Bis aber das beständige Opfer (d. h. die täglichen Brandopfer morgens und abends [2Mo 29,38ff.]) in Jerusalem wiedereingeführt werden, sollen jedoch noch weitere 30 Tage vergehen (Dan 12,11). Aber selbst im Anschluss an die Wiedereinführung der Opfer nach 1290 Tagen wird es wichtig sein, noch während einer weiteren kurzen Zeit geduldig auszuharren, bis der Segen des Messianischen Reiches voll anbrechen wird. In Daniel 12,12 steht:

»Glückselig der, der ausharrt und 1335 Tage erreicht.« Die Wiederkunft des Messias wird in mehreren Phasen verlaufen. Es wird eine gewisse Zeit dauern, bis nach verschiedenen Schlachten die ganze Welt zum Frieden geführt werden wird. Dies wird nicht schlagartig erfolgen.

Wir haben gesehen, wie die syrische Koalition südlich von Galiläa geschlagen werden wird, ausgehend von Jerusalem (vgl. Joe 2,20). Es wird aber noch viele weitere Kämpfe geben, die wir im Rahmen dieser Ausführungen nicht behandelt haben, da es in dieser Publikation insbesondere um Jerusalem und den Tempel auf dem Morija geht.

Die wichtigsten Phasen seien nachfolgend kurz aufgeführt:

- Die Vernichtung der Heere des Westens in *Harmagedon* (Galiläa, Nord-Israel) (Offb 16,16; 19,11ff.).
- Die an manchen Stellen beschriebene Schlacht in *Edom,* d. h. in Südjordanien (Jes 63,1-6).
- Die Vernichtung der russischen Koalition auf den *Bergen Israels* (d. h. besonders im Gebiet des sogenannten besetzten Westjordanlandes; Hes 38–39). Dies wird übrigens die *allerletzte* Phase sein. Russland (hebr. »Rosh«) wird zusammen mit seinen vielen Verbündeten, vom »äußersten Norden« (Hes 38,15; 39,2) her kommend, noch einen Angriff starten, wenn der Messias bereits zurückgekehrt sein wird (Hes 37,24). Durch die Gegenwart des Messias wird Israel, trotz der russischen Bedrohung, *»in Sicherheit«* leben (38,8.14). Nach der Vernichtung dieses Heeres wird für Israel und auch für die ganze Welt *endgültig* aller Schrecken vorüber sein (vgl. den genauen Wortlaut in 39,22-23.25).

Die Meinung, dass die russische Intervention vor der »großen Drangsalszeit« stattfinden soll, wird dem biblischen Text absolut nicht gerecht. Hesekiel erklärte ja, dass Gott nach der Vernichtung dieser Weltmacht seinen Namen *nicht mehr* entweihen lassen wird und dass die Völker ihn dann erkennen werden. Aus Hesekiel 39,7 geht somit klar und deutlich hervor, dass es hier um die allerletzte Phase geht. Darauf folgen direkt die in Hesekiel 40–48 geweissagten Ereignisse: der Bau des Dritten Tempels, die Neuverteilung des Landes Israel unter den zwölf Stämmen usw.

Jerusalem, die künftige Hauptstadt der Welt

Jerusalem, die Stadt des Friedens, wird die Hauptstadt der Welt werden (Mi 4,1-3). Jesus Christus wird in Gerechtigkeit über die übrig gebliebenen Menschen aller Völker regieren (Dan 7,13-14; Ps 72). Seine Friedensherrschaft wird zeigen, dass nur er mit Recht den Titel »*Sar Shalom*« (= »Friedefürst«) tragen kann (vgl. Jes 9,5-6).

Zahlreiche Abschnitte in der Bibel beschreiben diese herrliche Zeit des Messianischen Friedensreiches, das 1000 Jahre dauern wird (vgl. z. B. Offb 20,1-10; Jes 11,1-10; 65,17-25). In der jüdischen Literatur wird diese Zeit auch von Rabbi Eliezer (wohl um 90 n. Chr.) auf 1000 Jahre beziffert (Midrash zu Ps 90, Paragraf 17).

Danach wird Gott eine neue Schöpfung ins Dasein rufen, die keinerlei Spuren vom Verderben der Sünde mehr aufweisen wird (Offb 21,1-8; 2Petr 3,10-13; Ps 72,5.7.17 in Verbindung mit 102,26-28). Der Herr Jesus wird über diese neue Schöpfung, wo Gerechtigkeit und Frieden zu Hause sein werden, in Ewigkeit regieren (2Petr 1,11; Offb 22,5).

Der Dritte Tempel im Messianischen Königreich

Der Messias Jesus wird nach seiner Rückkehr Jerusalem als Mittelpunkt der Welt zu einer Glanzstadt erheben. Er wird den Dritten Tempel ausbauen, entsprechend den Angaben, wie er in Hesekiel 40–48 detailliert mit seinem ganzen Umfeld beschrieben ist (Sach 6,12-13). Noch nie ist in der Menschheitsgeschichte ein derart repräsentatives Bauwerk erstellt worden! Jerusalem wird für die ganze Welt zum geografischen Mittelpunkt des Gottesdienstes werden (Ps 86,9; Sach 14,16).

Die Shekhina im Dritten Tempel

Die herrliche Shekhina, die einst die Stiftshütte (2Mo 40,34-38) und auch den Ersten Tempel (1Kö 8,10-11) krönte, wird schließlich zum Dritten Tempel zurückkehren (Hes 43,1-6). Diese geheimnisvolle, die Gegenwart Gottes anzeigende Feuer- und Rauchsäule, verließ den Ersten Tempel kurz vor seiner Zerstörung durch die Babylonier im 6. Jahrhundert v. Chr. (Hes 8,4; 9,3; 10,3-4.18-19; 11,22-23). Zur Zeit des Zweiten Tempels kehrte die Shekhina nie zurück. Doch in der Zukunft, wenn für Israel die von Hosea im 8. Jahrhundert v. Chr. angekündigte Zeit, in der das auserwählte Volk nicht mehr als solches anerkannt sein sollte (Hos 1,8 – 2,1; 2,25), vorüber sein wird, dann wird auch die Herrlichkeit Gottes von Osten her (Hes 43,2) auf den Berg Zion sichtbar zurückkehren (Jes 4,5-6).

Jerusalem – das Zentrum der Welt

Die Bedeutung des Dritten Tempels in der Zukunft geht anschaulich aus den herrlichen Worten in Jesaja 2,2-4 hervor:

»*Und es wird geschehen am Ende der Tage, da wird der Berg des Hauses des Ewigen fest stehen auf dem Gipfel der Berge und erhaben sein über die Hügel. Und alle Nationen werden zu ihm strömen; und viele Völker werden hingehen und sagen: Kommt und lasst uns hinaufziehen zum Berg des Ewigen, zum Haus des Gottes Jakobs! Und er wird uns belehren aus seinen Wegen, und wir wollen wandeln auf seinen Pfaden. Denn von Zion wird das Gesetz ausgehen, und das Wort des Ewigen von Jerusalem; und er wird richten zwischen den Nationen und Recht sprechen vielen Völkern. Und sie werden ihre Schwerter zu Pflugscharen schmieden und ihre Speere zu Winzermessern; nicht wird Nation gegen Nation das Schwert erheben, und sie werden den Krieg nicht mehr lernen.*«

Jerusalem – Ausgangspunkt für den Weltfrieden!

Ist Jerusalem nicht eine atemberaubende Stadt? Von ihr aus wird der Messias dereinst alle Probleme der Menschheit lösen – all die Probleme, die wir Erdenbewohner während der ganzen Weltgeschichte nie haben lösen können: Krieg, Hunger, Krankheit, Seuchen, Umweltkatastrophen, Armut, soziale Ungerechtigkeit usw. Jerusalem hat zwar in der Vergangenheit unfassbar viel Leid, Elend, Blut und Tränen gesehen. Schreckliches wird noch über diese Stadt kommen. Durch sie wird sogar der Friede dieser Welt weggenommen werden. Aber dennoch: Von *dort* aus wird schließlich echter und wahrer Friede in diese Welt ausgehen, ein Friede, der auf der Grundlage des Opfertodes Jesu Christi vor den Toren Jerusalems beruhen wird (Kol 1,20). Die biblische Prophetie verheißt, dass es zu einem friedlichen Zusammenleben von Arabern und Juden, ja von allen Nationen, kommen wird (vgl. Jes 19,18-25; Mi 4,1-4).

Kapitel 10
Shalom akhshav! Frieden jetzt!

Kein Frieden ohne den Friedefürsten

In das Messianische Reich werden nur solche hineinkommen, die Jesus Christus als »Friedefürsten« anerkennen (vgl. Joh 3,3.5). Weil der Friedefürst Jesus Christus in der Welt von heute nicht anerkannt bzw. sogar verworfen wird, kann es zurzeit keinen Weltfrieden geben – allem Reden von Frieden und aller tiefen Sehnsucht nach demselben zum Trotz.

Das Reden von »Frieden und Sicherheit«

Das auffällig häufige Verhandeln über Frieden – unter Ausschluss des Friedefürsten – birgt eine Gefahr in sich. In 1. Thessalonicher 5,3 steht in Verbindung mit den endzeitlichen Ereignissen:

»Wenn sie sagen: Frieden und Sicherheit!, dann kommt ein plötzliches Verderben über sie, wie die Geburtswehen über die Schwangere; und sie werden nicht entfliehen.«

Der Ausdruck »sie sagen« ist im griechischen Grundtext ein Durativ/Iterativ (»legosin«).[135] Deshalb könnte man sinngemäß übersetzen: »*Wenn sie dauernd/immer wieder sagen: …*«

Die Zeit vor der größten Katastrophe der Endzeit soll durch Friedensgespräche und durch das Reden von und über Frieden gekennzeichnet sein! Sollte es selbst zu zeitweiligem Groß-Erfolg kommen, so wird es sich letztendlich doch nur um einen illuso-

135 Zum Durativ/Iterativ im Griechischen vgl. *Hoffmann/Siebenthal*, *Griechische Grammatik zum Neuen Testament*, S. 306ff.

rischen Scheinfrieden handeln. Es ist aber noch dramatischer: All das viele Reden von Frieden und Sicherheit, all die (vielleicht in politischer Hinsicht momentan durchaus nützlichen) Abkommen, die auf einen Scheinfrieden abzielen, sind lediglich Auftakte zur letzten Katastrophe!

Friedensabkommen aus islamischer Sicht

In diesem Zusammenhang dürfen folgende Gegebenheiten nicht aus dem Auge verloren gehen: Gemäß islamischer Lehre ist ein Friedensbund mit »Feinden«, d. h. mit Juden, Christen oder Heiden, in keiner Weise verpflichtend.[136]

Islamischer Anschauung zufolge zerfällt die Welt in zwei Teile:[137]

1. »*Dar ul-Islam*« = Gebiet des Islam;
2. »*Dar ul-Harb*« = Gebiet des Krieges (d. h. für den Islam durch Krieg noch zu eroberndes Land).

Die grandiosen Eroberungserfolge der islamischen Krieger in der Zeit Muhammads und in den Jahrhunderten danach sind aus der Sicht der Muslime ein deutlicher und entscheidend wichtiger Beweis für die Überlegenheit ihrer Religion über das Judentum, das Christentum und das Heidentum. Daher kann man auch verstehen, weshalb die Eroberungen großer islamischer Gebiete (= »Dar ul-Islam«) durch europäische Kolonialmächte (Franzosen und Engländer) im 19. und 20. Jahrhundert unfassbare Ver-

136 Vgl. *Schrupp, Israel in der Endzeit*, Wuppertal und Zürich, 1991, S. 76.
Arafat hat in seiner Rede in Johannesburg eine deutliche Begründung abgegeben, weshalb für ihn der Friedensvertrag mit Israel aufgrund islamischer Juristik keineswegs bindend ist (vgl. *Jüdische Rundschau*, »Nichts ist wichtiger als Jerusalem«, S. 3).

137 Vgl. *Peters, Der Koran und die Juden*, S. 472-478.

wirrung ausgelöst hatten. Die Welt des Islam wurde dadurch bis in die Grundfesten erschüttert.

Nun kam es aber noch schlimmer: 1948 gründeten die Juden, die »Feinde des Islam«, einen Staat auf islamischem Boden! Die Tatsache, dass es auf »Dar ul-Islam« seit 1948 einen jüdischen Staat gibt, ist aus muslimischer Sicht eine unerträgliche Demütigung. Es ist im Grunde wie ein Faustschlag mitten ins Gesicht. Der Islam wird dadurch in seinem Wahrheitsanspruch infrage gestellt.

Es folgte ein traumatischer Schock auf den anderen: Seit 1948 musste Israel sechs Existenzkriege über sich ergehen lassen – aber aus allen ging das jüdische Volk als Sieger über seine islamischen Gegner hervor! Als Folge dieser Kriege kam es zudem zu beträchtlichen territorialen Vergrößerungen für Israel. Zu »Dar ul-Islam« unter israelischer Herrschaft wurde noch mehr »Dar ul-Islam« hinzugefügt.

Unfassbar über alles war dabei, dass 1967 sogar die drittheiligste Stätte des Islam in Ostjerusalem von Israel erobert und in der Folge zudem auf ewig annektiert wurde.

Wenn man sich diese Hintergrundinformationen vor Augen hält, wird es deutlich: Solange es den Islam gibt, darf es keinen Judenstaat in »Palästina« geben. Aus muslimischer Sicht muss er früher oder später durch den »Dschihad«, den »Heiligen Krieg«, um jeden Preis beseitigt werden. Dieses Ziel kann aber, gemäß islamischer Lehrauffassung, falls nicht anders möglich, auch über den Umweg zeitweiliger Friedensschlüsse angestrebt werden.[138]

»Frieden in unseren Tagen!«

Das heutige viele Reden vom Frieden im Nahen Osten erinnert so sehr an die jüngere Geschichte: Am 29. September 1938 ver-

138 Vgl. *Schrupp, Israel in der Endzeit*, Wuppertal und Zürich, 1991, S. 76.

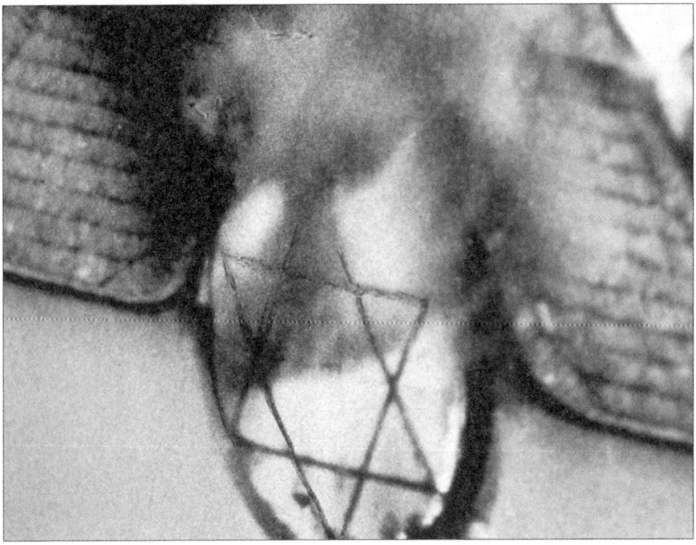

Brennende Synagoge.

kündigte der englische Premierminister Chamberlain nach der Unterzeichnung des Münchner Abkommens mit Adolf Hitler: »Peace in our days!« (»Frieden in unseren Tagen!«), doch 40 Tage später brannten zahlreiche Synagogen in Deutschland. Der Ausbruch des Zweiten Weltkrieges ließ kein Jahr auf sich warten: 11 Monate später war es so weit. In den folgenden Jahren wurden etwa 50 bis 70 Millionen Menschen weggerafft.

»Frieden in unserer Zeit!«

Seit dem Ende des Zweiten Weltkrieges wird dauernd von »Friede und Sicherheit« gesprochen. Nach der Unterzeichnung des Gaza/Jericho-Abkommens in Washington (am 13. September 1993) verkündigten große Tageszeitungen, wie z.B. die »Times«, in ihren Schlagzeilen: »Peace in our time!« (»Frieden in unserer Zeit!«). Dabei war dieses Abkommen lediglich ein wichtiger Auftakt zum letzten Kampf um Jerusalem (vgl. Arafats Rede in Südafrika[139]).

»Frieden jetzt!«

Die israelische Friedensbewegung heißt »Shalom akhshav« (= »Frieden jetzt«). Tausende von Israelis haben die erklärte Absicht, nicht erst zu warten, bis der Messias den Frieden bringen wird. Sie möchten »Frieden jetzt«. Sie bemühen sich ernsthaft um den Frieden und sind auch kompromissbereit.

Das ist nicht nur in Israel so. Auf der ganzen Welt gibt es intensive Bemühungen, um Frieden zu stiften. Millionen haben genug von Blut und Tränen. Man will Frieden. Das ist lobenswert! Aber man müsste auch zugeben, dass wir von uns aus den wahren Frieden nicht schaffen können. In Jesaja 26,12 steht geschrieben:

»Ewiger, DU wirst uns Frieden geben …« Analog lautet Psalm 29,11b: *»DER EWIGE wird sein Volk segnen mit Frieden«* (Hervorhebung jeweils hinzugefügt).

Wir müssten alle gemeinsam zugeben, dass wir den »Friedefürsten« brauchen. So könnten wir glückliche Friedensstifter werden (vgl. Mt 5,9). Sonst ist der schöne Spruch »Frieden jetzt« nur Ideologie, die im besten Fall zu gefährlichem Scheinfrieden führt.

Frieden mit Gott heute

Der Leitspruch der israelischen Friedensbewegung spricht mich sehr an – offen gesagt, er berührt mich persönlich sogar tief. In

139 Vgl. die Johannesburger Rede des damaligen PLO-Chefs Arafat, *Jüdische Rundschau,* »Nichts ist wichtiger als Jerusalem«, S. 3. A. d. H.: Arafat hielt diese Rede am 10. 5. 1994.

einem gewissen Sinn ist »Shalom akhshav« auch aus biblischer Sicht nämlich durchaus möglich:

Wer zu dem Messias Jesus eine persönliche Beziehung hat, kann auf einer berechtigten Grundlage von »Frieden jetzt« sprechen. Das Evangelium ist eine Botschaft des Friedens. Jesus Christus ist vor 2000 Jahren gestorben, um Frieden zu schaffen durch das Blut seines Kreuzes (Kol 1,20). Er ist vor den Toren Jerusalems, der Stadt des Friedens, gekreuzigt worden, um Menschen mit Gott zu versöhnen, um Frieden zu schaffen *zwischen uns und Gott.* In Römer 5,1 heißt es, nachdem der Heilsweg Gottes in diesem wortgewaltigen Brief anschaulich und einladend beschrieben worden ist:

»Da wir nun gerechtfertigt worden sind aus Glauben, so haben wir Frieden mit Gott durch unseren Herrn Jesus Christus …«

Zur Ursache der Friedelosigkeit

Es gibt Menschen – allerdings nicht mehr so viele wie noch vor einigen Jahren –, die sehen das Grundproblem der Friedelosigkeit unserer Welt im Klassenkampf. Andere meinen, es sei das mangelhafte Demokratieverständnis der meisten Völker, und wieder andere sehen das Grundproblem in irgendeiner anderen Problematik der Weltgesellschaft. Die Bibel zeigt uns auf, dass die Friedelosigkeit in der gebrochenen Beziehung zum Schöpfer-Gott begründet liegt. Was jeder Mensch braucht, ist *Frieden mit Gott.*

Vergebung der Schuld

Jesus Christus ist gestorben, damit wir Frieden mit Gott bekommen können. Er hat die Lösung für das Schuldproblem vor Gott gebracht. Schuld trennt von Gott (Jes 59,2). Das Problem der

Schuld ist universell. Wer könnte von sich behaupten, dass ihn dies nichts angehe? Wenn man versucht, die Zehn Gebote auszuleben, kommt man sich ja vor, als würde man in einen Spiegel schauen. Die Gebote Gottes überführen uns von unserer Sündhaftigkeit. Wir brauchen daher Vergebung. Wie man sie von Gott erlangen kann, hat die lange Geschichte des jüdischen Tempels gezeigt: *durch den Tod eines unschuldigen Stellvertreters.*

Sündenbekenntnis

Wir haben uns bereits damit beschäftigt: Im Tempel musste der schuldige Mensch seine Hände auf den Kopf eines unschuldigen Tieres legen, um sich auf diese Art mit seinem Stellvertreter zu identifizieren. Der in seinem Gewissen Belastete musste ganz konkret seine Schuld bekennen (3Mo 5,5). Nicht irgendwie so pauschal: »Es tut mir leid, was ich je falsch gemacht habe in meinem Leben.« Nein, das Bekenntnis sollte, soweit dies möglich war, ganz konkret sein. Gott wollte hören, was einem leidtat. Darauf musste der Schuldige selbst, nicht etwa der Priester, das Tier schlachten, indem er die Halsschlagader öffnete.[140] Das Erlebnis einer solchen »Hinrichtung« ging unter die Haut. Man empfand es, was es heißt:

»Der Lohn der Sünde ist der Tod« (Röm 6,23).

Diese Tieropfer haben in dem Opfer von Jesus Christus ihre Erfüllung gefunden, wie wir das ausführlich betrachtet haben. Das Prinzip, wie man Vergebung empfängt, ist aber zu allen Zei-

140 Einige Bemerkungen zum Schächten: Diese Art des Schlachtens ist weniger grausam als die Tötung durch den Bolzen, wie dies z. B. in den Schlachthäusern der Schweiz praktiziert wird, obwohl dies für den Betrachter nicht so wirkt. Neuere Untersuchungen haben gezeigt, dass die Gehirnströme beim Schächten weniger lang messbar sind. Die Öffnung der Schlagader führt sofort zur totalen Abschwächung des Tieres und zur Bewusstlosigkeit. Der Tod tritt in Kürze ein.

ten stets dasselbe geblieben: *reuiges Sündenbekenntnis vor Gott.* In 1. Johannes 1,9 heißt es:

»*Wenn wir unsere Sünden bekennen, so ist er* [d.h. Gott] *treu und gerecht, dass er uns die Sünden vergibt und uns reinigt von aller Ungerechtigkeit.*«

So wird das Schuldproblem, das uns von Gott trennt, wirklich gelöst. Auf dem Hügel Golgatha, bei der Friedensstadt, ist der Friedefürst gestorben, um Frieden mit Gott zu schaffen. Wer ganz persönlich das Opfer Jesu Christi für sich in Anspruch genommen und seine persönliche Schuld vor Gott bekannt hat, besitzt wirklich Frieden mit Gott (Röm 5,1). Indem man von Herzen zugibt, dass man das stellvertretende *Opfer* und das geflossene *Blut* von Jesus Christus unbedingt braucht und so den von Gott gesandten Messias als seinen persönlichen Retter aufnimmt, macht man im Prinzip dasselbe wie einst die Opfernden, als sie die Hände auf den Kopf des Stellvertreters gelegt hatten: *Man identifiziert sich mit dem Opfer!*

Zur Bedeutung des Opferblutes im Tempel

In Verbindung mit dem israelitischen Opferkult wurde die Bedeutung des Blutes in der Bibel deutlich herausgestrichen (3Mo 17,11):

»*Denn das Leben des Fleisches ist im Blut, und ich* [d.i. Gott] *habe es euch auf den Altar gegeben, um Sühnung zu tun für eure Seelen; denn das Blut ist es, das Sühnung tut durch das* [in ihm repräsentierte] *Leben.*«[141]

Die Bedeutung des Blutes wird in der Bibel im Zusammenhang mit Opfern zum ersten Mal beim Passah (hebr. »Pessach«) in Ägypten aufgezeigt, wo Gott gesagt hat (2Mo 12,13):

141 A.d.H.: Eigene Übersetzung des Autors (so auch im Folgenden und bei den Zitaten aus 1Petr 1,18-19 und Röm 14,17).

»Und das Blut soll euch zum Zeichen sein an den Häusern, worin ihr seid; und sehe ich das Blut, so werde ich an euch schonend vorübergehen; und es wird keine Plage zum Verderben unter euch sein.«

Auch der Hebräerbrief bezieht sich darauf, wenn er den Grundsatz formuliert (9,22b):

»… und ohne Blutvergießen gibt es keine Vergebung.«

Das Blut des Messias

Das Neue Testament bezeugt die Bedeutung des am Kreuz geflossenen Blutes Jesu Christi mit eindrücklichen Worten:

»… das Blut Jesu Christi, seines Sohnes, reinigt uns von aller Sünde« (1Jo 1,7b).

»Viel mehr nun, da wir jetzt durch sein Blut gerechtfertigt sind, werden wir durch ihn gerettet werden vom Zorn« (Röm 5,9).

»Jetzt aber, in Christus Jesus, seid ihr, die ihr einst fern wart, durch das Blut des Christus nahe geworden« (Eph 2,13).

»… indem er Frieden gemacht hat durch das Blut seines Kreuzes …« (Kol 1,20).

»Darum hat auch Jesus, damit er durch sein eigenes Blut das Volk heiligte, außerhalb des Tores gelitten« (Hebr 13,12).

»… indem ihr dieses wisst, dass ihr nicht mit vergänglichen Dingen, mit Silber oder Gold erlöst worden seid von eurem eitlen, von den Vätern überlieferten Lebenswandel, sondern mit dem kostbaren Blut Christi, als eines Lammes ohne Fehl und ohne Flecken …« (1Petr 1,18-19).

»Und sie singen ein neues Lied: Du bist würdig […] denn du bist geschlachtet worden und hast für Gott erkauft, durch dein Blut, aus jedem Stamm und jeder Sprache und jedem Volk und jeder Nation, und hast sie unserem Gott zu einem Königtum und zu Priestern gemacht, und sie werden über die Erde herrschen« (Offb 5,9-10).

Zu den Opfern im Dritten Tempel

Wenn in der Zukunft auf dem Tempelplatz in Jerusalem wieder Opfer eingeführt werden, so wird dadurch die Bedeutung des ein für alle Mal dargebrachten Opfers von Jesus Christus keineswegs abgeschwächt werden. Die zukünftigen Opfer werden, ähnlich dem Mahl des Herrn (1Kor 11,23-26), lediglich *ein Gedächtnis* an das Opfer auf dem Hügel Golgatha sein. Auf keinen Fall werden sie gewissermaßen das eine Opfer Christi wiederholen, genauso wenig, wie das Mahl des Herrn dies kann. Sie werden »lediglich« tiefsinnige und vielsagende Symbole sein. Das Opfer des Messias Jesus ist »ein für alle Mal« dargebracht worden (Hebr 7,27; 10,10). Es ist vollgültig in sich selbst und braucht weder eine Wiederholung noch irgendeine Ergänzung.

Gott hat die Tieropfer fast 2000 Jahre lang aufgehoben, um der Welt zu zeigen, wo das eine wahre Opfer, das nicht Symbolwert hat, sondern wirklich Sünden wegnehmen kann, zu finden ist. Wer dies allerdings nach 2000 Jahren noch nicht merkt oder merken will, wird es auch nach 3000 Jahren nicht einsehen.

Friedensstifter

Wer aufgrund der Erlösung durch Jesus Christus Frieden mit Gott hat, wird auch deutliche Auswirkungen davon in seinem Leben feststellen. Er wird ein Friedensstifter nach dem Maß seiner Möglichkeiten sein. In der Bergpredigt steht geschrieben:

»Glückselig die Friedensstifter, denn sie werden Söhne Gottes heißen« (Mt 5,9).

Paulus schreibt im Römerbrief (12,18): *»Wenn möglich, soviel an euch ist, lebt mit allen Menschen in Frieden.«*

In dieser Welt wird die Herrschaft und Autorität des Messias Jesus in unserer Zeit nicht anerkannt. Aber die Herzen all der Menschen, die ihn schon heute als ihren Herrn und Erlöser kennen, sind gewissermaßen »besetzte Gebiete« oder »Brückenköpfe« in dieser Welt. Hier kann der Herr Jesus Christus schon jetzt regieren. Dies geht auch aus einer Ermahnung des Kolosserbriefes hervor (3,15):

»Und der Friede des Christus [= Messias] *regiere in euren Herzen …«*

Auf diese Weise kann man schon heute erleben, was es heißt, »Shalom akhshav«, »Frieden jetzt«, zu haben. Es ist zwar kein weltweiter Frieden. Der kommt noch. Dennoch, die Erfahrung von »Frieden jetzt!«, die aus dem persönlichen Frieden mit Gott hervorgeht, lohnt sich: in der Ehe, in der Familie, in der Gemeinde, am Arbeitsplatz … Überall da, wo Menschen sich dem Herrn Jesus Christus konkret unterstellen, kann erlebt werden, was das Reich Gottes bereits in der heutigen Zeit beinhaltet (Röm 14,17):

»Denn das Reich Gottes besteht nicht in Essen und Trinken, sondern in Gerechtigkeit, Frieden und Freude durch die Kraft des Heiligen Geistes.«

In diesem Sinn wünsche ich jedem Leser »Shalom akhshav«!

Epilog

Jerusalem ist für diese Welt sowohl eine *Chance* als auch ein *Hindernis* für den Frieden. Ob diese Stadt das eine oder das andere ist, hängt ab von unserer Haltung dem Friedefürsten Jesus Christus gegenüber.

Dieses Prinzip gilt aber nicht nur für die Welt als Kollektiv, sondern auch für den einzelnen Menschen:

Wer Jesus Christus und sein Opfer bei Jerusalem ablehnt, verabschiedet den Frieden auf ewig. Doch wer den Erlöser aufnimmt, erhält ewiges Leben und ewigen Frieden (Joh 3,36).

Haben Sie Jerusalems Friedens-Chance persönlich schon wahrgenommen?

Anhang

1. Abkürzungen

A. d. H.	Anmerkung des Herausgebers
arab.	arabisch
aram.	aramäisch
AT	Altes Testament
Elb 2003	*Elberfelder Übersetzung*, Hückeswagen, CSV, 2003.
hebr.	hebräisch
Jh.	Jahrhundert
NT	Neues Testament
o. J.	ohne Jahresangabe
RELB	*Elberfelder Übersetzung, revidierte Fassung,* R. Brockhaus Verlag Wuppertal.
R. L.	Roger Liebi
UELB	*Elberfelder Übersetzung, nicht revidiert*, Berlin, 1961.
Zürcher	*Die Heilige Schrift des Alten und des Neuen Testaments, Zürcher Bibel*, Evangelische Haupt-Bibelgesellschaft zu Berlin, 1956.

2. Literaturverzeichnis

ÅDNA, J., *Tempel*, in: Burkhardt, H./Grünzweig, F./Laubach, F./ Maier, G. (Hrsg.), *Das große Bibellexikon*, Bd. III, Wuppertal/Gießen 1989, S. 1533-1541.

ANDERSON, R., *The Coming Prince*, Grand Rapids, MI, Reprint of the 10th Edition, 1980.

ARCHER, G. L., *Einleitung in das Alte Testament*, Bad Liebenzell, Bd. I (1987) und Bd. II (1989).

ARCHER, G. L., *Encyclopedia of Bible Difficulties*, Grand Rapids, MI, 1982 (A. d. H.: deutsche Fassung: *Schwer zu verstehen?*, Bielefeld 2005).

ARIEL, Y./RICHMAN, CH., *The Odyssey of the Third Temple*, Jerusalem 1993 (grundlegende Publikation des Tempel-Instituts, zahlreiche vierfarbige Bilder der wiederhergestellten Tempelgeräte).

BABYLONISCHE TALMUD, DER – Grundtextausgabe, Talmud Bavli, 11 Bde., Jerushalajim, o. J.

- Vollständige deutsche Übersetzung: *Der Babylonische Talmud*, neu übertragen durch L. Goldschmidt, 12 Bde., 2. Auflage, Berlin 1964–1967.
- Auswahlübersetzung: *Mayer, R., Der Babylonische Talmud*, ausgewählt, übersetzt und erklärt von Reinhold Mayer, München 1963.

BECK, H. W., *Genesis – Aktuelles Dokument vom Beginn der Menschheit*, Neuhausen-Stuttgart 1983.

BIBLIA HEBRAICA STUTTGARTENSIA, 4. Auflage, Stuttgart 1990.

BIMSON, J. J., *Redating the Exodus and Conquest, Journal of the Old Testament*, Supplement Series 5, Sheffield 1978.

BOUTER, A. E., *Messianische Juden – wer sind sie?*, in: *Hilfe und Nahrung*, Neustadt/Weinstraße, Folge 1, Januar 1993, S. 11.

BRIERRE-NARBONNE, J.-J., *Exégèse talmoudique des prophéties messianiques, hamashiach batalmud*, Paris 1934.

Brierre-Narbonne, J.-J., *Les prophéties messianiques de l'Ancien Testament dans la littérature juive en accord avec le Nouveau Testament, avec une introduction sur la littérature messianique juive apocryphe, targoumique, midrachique, zoharique et rabbinique*, Paris 1933.

Brith Chadashah, Der, (Übersetzung von) Henry Einspruch, Baltimore, MD, 1977 (jiddisches Neues Testament).

Brith Chadashah, The Bible Society in Israel, Jerusalem 1976 (hebräisches Neues Testament).

Brith Chadashah mevu'eret, The Bible Society in Israel, Jerusalem 1991 (hebräisches Neues Testament mit Kommentaren, Anmerkungen, Hinweisen auf die rabbinische Literatur, Parallelstellen und Karten).

Bruce, F. F., *Die Glaubwürdigkeit der Schriften des Neuen Testaments*, Bad Liebenzell 1976.

Burkhardt, H./Grünzweig, F./Laubach, F./Maier, G. (Hrsg.), *Das große Bibellexikon*, Bd. II, Wuppertal/Gießen 1988.

Davidson, B., *Analytical Hebrew and Chaldee Lexicon*, London, o. J.

East Jerusalem Development Ltd., *The Ophel, Archaeological Garden*, Jerusalem 1987 (offizieller Führer durch die Ausgrabungen an der Südmauer des Tempelberges).

Edersheim, A., *The Temple. Its Ministry and Services as they were at the Time of Jesus Christ*, London, o. J.

Flavius Josephus, *Der Jüdische Krieg*, übertragen von Hermann Endrös, München, Bd. I (1965) und Bd. II (1966).

Flavius Josephus, *Jüdische Altertümer*, übersetzt von H. Clementz, 10. Auflage, Wiesbaden 1990.

Gesenius, W./Kautzsch, E./Bergsträsser, G., *Hebräische Grammatik*, Hildesheim, Zürich, New York 1983.

Gesenius, W./Buhl, F., *Hebräisches und aramäisches Handwörterbuch über das Alte Testament*, 17. Auflage, Berlin, Göttingen, Heidelberg 1962.

GILBERT, M., *Jerusalem, Illustrated History Atlas*, 2nd revised edition, Jerusalem 1978, reprinted 1987.

GITT, W., *Das Fundament. Zum Schriftverständnis der Bibel*, Neuhausen-Stuttgart 1985.

GLASHOUWER, W. J. J., *So entstand das Christentum*, Bielefeld 1989.

GLASHOUWER, W. J. J., *So entstand die Bibel*, Neuhausen-Stuttgart 1979.

GLASHOUWER, W. J. J., *So entstand Israel. Die Geschichte des Alten Testamentes*, Neuhausen-Stuttgart 1982.

GLASHOUWER, W. J. J., *So entstand die Welt*, Neuhausen-Stuttgart 1980.

GREEK NEW TESTAMENT, THE, United Bible Societies, 4th revised edition, 1993.

HABRITH HACHADASHAH, (übersetzt von) Franz Delitzsch, The Trinitarian Bible Society, London 1968 (hebräisches Neues Testament in literarischer Sprache).

HADEREKH, Habrith Hachadashah belashon meduberet, Jerushalajim 1979 (hebräisches Neues Testament in moderner Umgangssprache).

HARTMANN-V. MONAKOW, L., *Von Mauern und Gärten. Geschichten und Bilder rund um Jerusalem*, Zürich 1990.

HEIDE, M., *Warum noch warten … Das Reich Gottes im Wandel der Zeiten*, Bielefeld 1992 (ausgezeichnete Widerlegung des Postmillenialismus und des Amillenialismus).

HEIJKOOP, H. L., *Die Opfer*, Schwelm 1973.

HEIJKOOP, H. L., *Die Zukunft* (Die Zukunft derer, die an den Herrn Jesus glauben; Die Zukunft Westeuropas; Die Zukunft Russlands; Der Richterstuhl des Christus), *Die Versammlung Gottes* (9 Vorträge, 76 Fragenbeantwortungen), Schwelm und Winschoten 1975.

HEIJKOOP, H. L., *Die Zukunft nach den Weissagungen des Wortes Gottes*, Winschoten 1951.

HOFFMANN, E. G./SIEBENTHAL, H. v., *Griechische Grammatik zum Neuen Testament*, Riehen 1985.

HOLYLAND CORP., *Illustrierter Führer zum Modell des Alten Jerusalem zur Zeit des Zweiten Tempels in dem Grundstück des Holyland Hotels, Jerusalem*, Israel, Jerusalem, o. J.

ICE, T./PRICE, R., *Ready to Rebuild. The Imminent Plan to Rebuild the Last Days Temple*, Eugene, OR, 1992.

ISRAEL-JAHRBUCH 1994, *Nachrichten aus Israel*, L. Schneider, Jerusalem 1993.

JOHNSTONE, P. J., *Gebet für die Welt*, Handbuch für Weltmission, Holzgerlingen 2003.

JONGENBURGER, P., *Hier zal Ik wonen, de toekomstige Tempel volgens Ezechiël*, Vaassen 1993 (ausgezeichnete Studie zum Tempelbauplan im Buch Hesekiel, mit Bildern eines vom Autor selbst konzipierten Modells illustriert).

JÜDISCHE RUNDSCHAU, Nr. 25, 23. Juni 1994 (vollständiger Abdruck der Johannesburger Rede Arafats).

KEIL, C. F., *Handbuch der biblischen Archäologie*, Band I: Die gottesdienstlichen Verhältnisse der Israeliten, Frankfurt a. M. und Erlangen 1858.

KIENE, P., *Das Heiligtum Gottes in der Wüste Sinai*, 6. Auflage, Wetzlar 1992.

KITCHEN, K. A., *Ancient Orient and Old Testament*, InterVarsity Press, Downers Grove, IL, 1978.

KOEHLER, L./BAUMGARTNER, W., *Hebräisches und aramäisches Lexikon zum Alten Testament*, 3. Auflage, Leiden, Bd. I (1967), Bd. II (1974), Bd. III (1983) und Bd. IV (1990).

KRUPP, M., *Die Geschichte der Juden im Land Israel. Vom Ende des Zweiten Tempels bis zum Zionismus*, Gütersloh 1993.

KÜLLING, S. R., *Zur Datierung der »Genesis-P-Stücke«*, namentlich des Kapitels Genesis XVII, 2. Auflage, Riehen 1985.

LEVINE, M., *The Tabernacle*, Tel Aviv 1969 (jüdischer Kommentar zur Stiftshütte mit Bildern eines vom Autor selbst konzipierten Modells).

LIEBI, R., *Chronologie der Könige Israels und Judas* (auf Anfrage unter info@rogerliebi.ch werden diese Skripte gratis zugesandt; Gratisdownload unter http://www.rogerliebi.ch).

LIEBI, R., *Das neue Europa – Hoffnung oder Illusion?*, 2. Auflage, Berneck 1995.

LIEBI, R., *Erfüllte Prophetie. Messianische Prophetie – ihre Erfüllung und historische Echtheit*, 5. Auflage, Berneck 1990. (Dieses Werk entspricht der Neuauflage von: *Der verheißene Erlöser*, Zürich 1994.)

LIEBI, R., *Hesekiel*, Ezra Studienreihe, Pfäffikon/Düsseldorf 2001.

LIEBI, R., *Israel und das Schicksal des Irak*, 3. Auflage, Berneck 1995.

LIEBI, R., *Ist die Bibel glaubwürdig? Die Bibel – ihre Autorität und Zuverlässigkeit*, Zürich 1992.

LIEBI, R., *Paulusbriefe neu bestätigt*, *factum*, Nov./Dez. 1989, S. 458.

LIEBI, R., *Weltgeschichte im Visier des Propheten Daniel*, 8. Auflage, Bielefeld 2009.

LIEBI, R., *Zur Chronologie des Alten Testaments* (auf Anfrage unter info@rogerliebi.ch werden diese Skripte gratis zugesandt; Gratisdownload unter http://www.rogerliebi.ch).

MAUERHOFER, E., *Einleitung in das Neue Testament*, Vorlesungs-Skript, 2. Auflage, Basel 1988.

MAY, F., *Israel heute – Ein lebendiges Wunder. Ein aktueller Streifzug durch die Gegenwart Israels*, Aßlar 1990.

MAYER, R., *Der Babylonische Talmud*, ausgewählt, übersetzt und erklärt von Reinhold Mayer, München 1963.

MCCALL, S./LEVITT, Z., *Wird der dritte Tempel gebaut?*, Wetzlar 1974.

McDowell, J., *Die Tatsache der Auferstehung*, 6. Auflage, Bielefeld 2013.

Meister, A., *Die Erfüllung der messianischen Verheißung des Alten Testamentes durch Jesus von Nazareth*, S. Külling, Chrischonarain 201, CH-4126 Bettingen.

Meldau, J., *Der Messias in beiden Testamenten*, Neuhausen-Stuttgart 1971.

Millard, A., *Schätze aus biblischer Zeit. Wertvolle Funde aus biblischer Zeit – ihre Entdeckungsgeschichte – ihre Bedeutung*, Gießen 1986.

Miqra'oth Gdoloth, 8 Bde., Jerusalem 1972 (hebräische Bibel mit aramäischen Übersetzungen [Targumim], rabbinischen Kommentaren und Gebeten).

Mücher, W., *Die Zeit des Endes*, Hückeswagen 1991 (fundierte leicht verständliche Einführung in die biblische Prophetie).

Nachrichten aus Israel, L. Schneider, Nr. 183, Jerusalem Nov. 1993.

Negev, A., *Archäologisches Bibellexikon*, Artikel »Tempel«, S. 440-446, Neuhausen-Stuttgart 1991.

Negev, A., *Funde und Schätze im Land der Bibel*, Stuttgart 1978.

Otto, E., *Jerusalem – die Geschichte der Heiligen Stadt*, Stuttgart, Berlin, Köln, Mainz 1980.

Peters, B., *Der Koran und die Juden*, *factum*, 11/12 1990, S. 472-478.

Price, R., *In Search of Temple Treasures: The Lost Ark and the Last Days*, Eugene, OR, 1994. (Grundlegendes Werk zum Thema »verschollene Tempelgeräte und die Bemühungen zu ihrer Wiederauffindung«. Dieses Buch enthält eine Fülle von sensationellen Informationen, die sonst extrem schwer zugänglich sind.)

Price, R., *The Coming Last Days Temple: The Latest Developments in Bible Prophecy*, Eugene, OR, 1999.

Riesner, R., *Jerusalem*, in: Burkhardt, H./Grünzweig, F./

Laubach, F./Maier, G. (Hrsg.), *Das große Bibellexikon*, Bd. II, Wuppertal/Gießen 1988, S. 661-667.

Ritmeyer, L., *The Archaeological Development of the Temple Mount in Jerusalem*. A thesis approved by the University of Manchester for the degree of Doctor of Philosophy in the Faculty of Arts, 1992.

Ritmeyer, L., *The Ark of the Covenant. Where It Stood in Solomon's Temple*, in: *Biblical Archaeological Review*, Vol. 22, No. 1, Jan./Feb. 1996, S. 46-55, 70-73.

Ritmeyer, L., *The Temple and the Rock*, Harrogate 1996.

Rogers, C./Rienecker, F., *Linguistic Key to the Greek New Testament*, Grand Rapids, MI, 1980.

Santala, R., *The Messiah in the Old Testament in the Light of Rabbinical Writings*, Jerusalem 1992.

Schrupp, E., *Israel in der Endzeit. Heilsgeschichte und Zeitgeschehen*, 2. Auflage, Wuppertal und Zürich 1991.

Septuaginta, ed. Alfred Rahlfs, Stuttgart 1935.

Steinberg, S. D., *Bejt Hamiqdash Hashlishi* (= Der Dritte Tempel), Jerushalajim 1993 (rabbinischer Kommentar zur Beschreibung des Tempels in Hesekiel 40ff.; Ausführungen über den Dienst der Leviten, Untersuchungen zur genauen Lage des Tempels, überaus zahlreiche Illustrationen der besprochenen Details).

Steinmeister, A., *Auferstehung – Realität oder Illusion?*, Wuppertal 1989.

Temple Institute, The, *Guide to the Treasures of the Temple*, Jerusalem, o. J. (offizieller Führer durch die Ausstellung des Tempel-Instituts).

Trever, C., *Scrolls from Qumran Cave I*, Jerusalem 1972.

Wagner, A., *Die Zukunft hat begonnen. Die Prophetie der Bibel*, 2. Auflage, Bielefeld 2006 (fundierte, leicht verständliche Einführung in die biblische Prophetie).

Wiseman, P. J., *Die Entstehung der Genesis. Das erste Buch der Bibel im Licht der archäologischen Forschung*, Wuppertal, o. J.

3. Zu den Bibelstellenzitaten

Generell wurde die Elberfelder Übersetzung 2003, Edition CSV Hückeswagen, 3. Auflage 2009, verwendet. (Diverse Stellen wurden, in Übereinstimmung mit dem Grundtext, durch R. Liebi revidiert wiedergegeben. Diese Angleichungen betreffen u. a. den Gottesnamen »Jahwe«, der sonst mit »HERR« übersetzt wird. Der Autor hat ihn oft mit »der Ewige« wiedergegeben – abgeleitet von der Namensbedeutung im Deutschen [»ich bin, der ich bin« bzw. »der ewig Seiende«].)

Die Verszählung in den Psalmen wurde derjenigen in der *Biblia Hebraica Stuttgartensia* angepasst, die mit jener in den meisten heutigen Bibelausgaben im deutschsprachigen Raum übereinstimmt.)

4. Bildnachweis und Dank

ASEBA/Israel Militär-Archiv: S. 15, 90 oben, 90 unten, 112 links und rechts, 114, 115 oben, 128.

ASEBA/Israel Presse-Archiv: S. 113 links und rechts.

ASEBA, Höchstetten: S. 27, 54, 61, 81, 96, 101 unten, 129, 179.

Cicero-Studio, Berneck: S. 9, 33, 65, 75, 144.

Gasser, Walter, Wolfhausen: S. 24, 25.

Evangelische Omroep, Hilversum: S. 29, 147.

Ligue pour la lecture de la Bible, Lausanne: S. 83.

Liebi, Roger: S. 10, 11, 12 oben, 12 unten, 14, 20, 22, 35, 37, 41, 49, 57, 60, 68, 69, 101 oben, 115 unten, 116, 119, 120 Mitte (links und rechts), 120 unten, 121 links und rechts, 123, 127, 150.

Liebi, Myriam: S. 66, 118.

Nachrichten aus Israel, Jerusalem: S. 12 Mitte, 16, 17.

Dr. Price, Randall, San Marcos, Texas: S. 131.

Schwengeler-Archiv: S. 31.

Verlag Mitternachtsruf, Pfäffikon (heute: Dübendorf), S. 126, 162, 165.

5. Modellvorlagen der Bilder

- *Erster Tempel: Bibelmuseum, Amsterdam: S. 29.*
- *Hoherpriester: Rekonstruktion der Bibelschule Breckerfeld: S. 83.*
- *Jerusalem (zur Zeit des 1. Jh.): Holyland Corporation, Jerusalem, Rekonstruktion von Prof. M. Avi-Yonah, Hebräische Universität Jerusalem, aufgrund archäologischer Ausgrabungen und historischer Quellen (Flavius Josephus, Talmud, Neues Testament): S. 12 oben, 35, 37, 57, 60, 68, 120 unten.*
- *Tempelschätze auf dem Titus-Bogen: Diaspora-Museum, Tel Aviv: S. 61.*
- *Stiftshütte: Rekonstruktion von P. F. Kiene, Winterthur: S. 24, 25.*

6. Literaturliste von R. Liebi

Der verheißene Erlöser, Messianische Prophetie – ihre Erfüllung und ihre historische Echtheit, 11. Auflage, Bielefeld 2023 (online: clv.de). Entspricht dem früheren Titel: *Erfüllte Prophetie, Messianische Prophetie – ihre Erfüllung und historische Echtheit*, 5. Auflage, Berneck 1990 (Erstauflage 1983). Übersetzungen: Englisch, Französisch, Holländisch, Italienisch, Ungarisch, Tadschikisch und Portugiesisch.

Weltgeschichte im Visier des Propheten Daniel, 12. Auflage, Bielefeld 2023 (Erstauflage 1986; online: clv.de). Übersetzungen: Französisch, Spanisch, Polnisch, Russisch, Slowakisch, Bulgarisch, Ungarisch und Portugiesisch.

Rockmusik! Daten, Fakten, Hintergründe, Ausdruck einer Jugend in einem sterbenden Zeitalter, 4. Auflage, Zürich 1995 (Erstauflage 1987).

Introduction à la poésie hébraïque, in: Cahiers des REBS. No. 8, 1994 (= Übersetzung eines factum-Artikels von Mai 1988).

Einführung in die vier Evangelien, Zürich 1990. Übersetzung: Italienisch und Ungarisch.

Der Mensch – ein sprechender Affe?, Sprachwissenschaft contra Bibel, Berneck 1991.

New Age! Kritische Bemerkungen zum gegenwärtigen Esoterik-Boom, Zürich 1991. Übersetzungen: Französisch, Ungarisch, Russisch, Slowakisch, Spanisch und Englisch.

Wolfgang Amadeus Mozart, Zwischen Ideal und Abgrund, Berneck 1991.

Défendre la foi chrétienne, in: Cahiers des REBS. No. 14, 1995 (Seminar 1991).

Israel und das Schicksal des Irak, Unruheherd Nahost im Licht der Bibel, 7. Auflage, Berneck 2004 (Erstauflage 1993). Übersetzungen: Italienisch, Spanisch und Ungarisch.

Das neue Europa – Hoffnung oder Illusion?, 6. Auflage, Berneck 2004 (Erstauflage 1994).

Ist die Bibel glaubwürdig? Die Bibel – ihre Autorität und Zuverlässigkeit, Zürich 1995. Übersetzung: Ungarisch.

Jerusalem – Hindernis für den Weltfrieden?, Das Drama des jüdischen Tempels, 9. Auflage, Bielefeld 2025 (Erstauflage 1994; online: clv.de). Übersetzungen: Französisch, Holländisch, Ungarisch, Portugiesisch.

La Palabra de Verdad – Unidad y Diversidad de la Biblia, Porto Alegre 2003.

Hesekiel, Ezra Studienreihe, Pfäffikon/Düsseldorf 2011 (Koautor: Joël Prohin). Entspricht weitgehend dem französischen Original: *Le prophète Ezéchiel*, in: *Sondez les Ecritures*, Bd. 9, Koautor: Joël Prohin, Valence 1995.

Sprüche, Ezra Studienreihe, Pfäffikon / Düsseldorf 2017 (Koautor: Joël Prohin). Entspricht weitgehend dem französischen Original: *Livre des Proverbes*, in: *Sondez les Ecritures*. Bd. 5, Koautor: Joël Prohin, Valence 1995.

So entstand das Christentum: Die Welt der Evangelien und der Apostelgeschichte völlig neu erlebt. In: R. Liebi, D. Hunt, A. Seibel, N. Lieth: *Biblische Prophetie – zeitnah – zeitwahr – zeitklar.* Pfäffikon 2000, S. 9–39. Übersetzung: Portugiesisch.

Ein neuer Blick auf die Passionswoche und ihren jüdischen Hintergrund, Das Schönste kommt noch – die himmlische Herrlichkeit im Buch der Offenbarung, in: L. Gassmann, N. Lieth, R. Liebi: *Was uns die Zukunft bringt*, Pfäffikon 2002, S. 8–75.

Der Messias im Tempel. Die Symbolik des Zweiten Tempels im Licht des Neuen Testaments, 3. Auflage, Bielefeld 2021 (Erstauflage 2002; online: clv.de). Übersetzungen: Französisch und Englisch.

Herkunft und Entwicklung der Sprachen – Linguistik kontra Evolution, 4. Auflage, Bielefeld 2018 (Erstauflage: Holzgerlingen 2003; online: clv.de).

Vertaling van Hosea, in: G. de Koning: *Hosea actueel, Gods liefde en trouw*, Doorn 2003, S. 8–36.

Vertaling van Joël, in: G. de Koning: *Joël actueel, God bestuurt de geschiedenis*, Doorn 2003, S. 8–19.

Vertaling van Amos, in: G. de Koning: *Amos actueel, Gods toorn over de zonde*, Doorn 2006, S. 9–28.

Sprachenreden oder Zungenreden?, 3. Auflage, Bielefeld 2014 (Erstauflage 2006; online: clv.de). Übersetzungen: Französisch und Slowakisch.

Leben wir wirklich in der Endzeit? Mehr als 175 erfüllte Prophezeiungen, 7. Auflage, Pfäffikon 2017 (Erstauflage: 2012). Übersetzungen: Englisch, Französisch, Portugiesisch, Holländisch und Ungarisch.

Bibel und Wissenschaft – Die Forschung hat Verspätung, 9. Auflage, Bielefeld 2024 (Erstauflage 2013; online: clv.de).

Die Bibel – absolut glaubwürdig!, 3. Auflage, Bielefeld 2022 (online: clv.de). Übersetzungen: Französisch, Portugiesisch und Italienisch.

Auserwählung und Vorherbestimmung. Bestätigt oder widerlegt Römer 9 – 11 den Calvinismus?, Düsseldorf 2011.

Und er kam nach Jerusalem. Die Passionswoche des Herrn Jesus Christus von ihrem jüdischen Hintergrund her neu betrachtet, Steffisburg 2020.

Führen alle Religionen an dasselbe Ziel?, Steffisburg 2021.

7. Der Autor

Dr. Roger Liebi (M. Mus., B. Th., M. Th., Th. D.), Jahrgang 1958, verheiratet mit Myriam, sechs Kinder,[142] studierte Musik (Konservatorium und Musikhochschule Zürich, Violine und Klavier), Sprachen der biblischen Welt (Griechisch, klassisches und modernes Hebräisch, Aramäisch, Akkadisch) sowie Theologie. Am Whitefield Theological Seminary in Florida (USA) absolvierte er das Doktoratsstudium und promovierte danach in den Fachbereichen Judaistik und Archäologie mit einer Dissertation über den Zweiten Tempel in Jerusalem. Von 2004 – 2011 lehrte er als Hochschuldozent Archäologie Israels und des Nahen Ostens. Er ist als Bibellehrer und Referent in verschiedenen Ländern tätig. Im Rahmen von drei Projekten hat er als Bibelübersetzer mitgewirkt. Aus seiner jahrelangen Beschäftigung mit der Heiligen Schrift und mit angrenzenden Gebieten ist eine Reihe von Veröffentlichungen hervorgegangen.

142 Der älteste Sohn, Nathan Eljoenai, verstarb im Jahr 2009 bei einem tragischen Sportunfall in der Aare.